交通运输企业安全生产标准化考评丛书

交通运输企业安全生产标准化管理制度文件汇编

交通运输部安全监督司 编

人民交通出版社

内 容 提 要

本书为交通运输企业安全生产标准化管理制度文件汇编，由交通运输企业安全生产标准化考评管理办法、交通运输企业安全生产标准化考评机构管理实施办法、交通运输企业安全生产标准化考评发证实施办法、交通运输企业安全生产标准化考评员管理实施办法、交通运输企业安全生产标准化达标考评指标组成了交通运输企业安全生产标准化管理制度体系。

本书适合交通运输企业安全生产管理人员学习参考，也可供交通运输企业安全生产标准化考评员学习使用。

图书在版编目(CIP)数据

交通运输企业安全生产标准化管理制度文件汇编／交通运输部安全监督司编. --北京：人民交通出版社，2012.7

ISBN 978-7-114-09925-0

Ⅰ.①交… Ⅱ.①交… Ⅲ.①交通运输企业－安全生产－标准化管理－企业管理制度－汇编－中国 Ⅳ.①F512.6

中国版本图书馆 CIP 数据核字(2012)第 155678 号

Jiaotong Yunshu Qiye Anquan Shengchan Biaozhunhua Guanli Zhidu Wenjian Huibian

书　　名：交通运输企业安全生产标准化管理制度文件汇编
著 作 者：交通运输部安全监督司
责任编辑：林宇峰
出版发行：人民交通出版社
地　　址：(100011) 北京市朝阳区安定门外外馆斜街 3 号
网　　址：http://www.ccpress.com.cn
销售电话：(010) 85285969，85285966
总 经 销：人民交通出版社发行部
经　　销：各地新华书店
印　　刷：北京市密东印刷有限公司
开　　本：787×1092　1/16
印　　张：18.75
字　　数：255 千
版　　次：2012 年 7 月　第 1 版
印　　次：2013 年 9 月　第 6 次印刷
书　　号：ISBN 978-7-114-09925-0
定　　价：68.00 元

前　言 QIANYAN

为贯彻落实国务院关于开展企业安全生产标准化建设工作部署，进一步做好交通运输企业安全生产标准化达标工作。我们组织收集了国家、交通运输行业有关企业安全生产标准化方面的法律法规、规范性文件、标准规范，汇编成册。以便从事交通运输企业安全生产标准化工作的人员查阅使用。

本书编写过程中，得到北京市交通委员会、山西省交通运输厅、江苏省交通运输厅、福建省交通运输厅、江西省交通运输厅、河南省交通运输厅、湖北省交通运输厅、重庆市交通委员会、长江航务管理局、交通运输部水运科学研究院、中国船级社、中国交通建设集团、中国外运长航集团、中国交通企业管理协会、北京交运安全卫生技术咨询中心的大力支持，在此表示诚挚的感谢。

编　者

2012 年 7 月 26 日

目　录 MULU

国务院关于进一步加强企业安全生产工作的通知

国发〔2010〕23号

各省、自治区、直辖市人民政府，国务院各部委、各直属机构：

近年来，全国生产安全事故逐年下降，安全生产状况总体稳定、趋于好转，但形势依然十分严峻，事故总量仍然很大，非法违法生产现象严重，重特大事故多发频发，给人民群众生命财产安全造成重大损失，暴露出一些企业重生产轻安全、安全管理薄弱、主体责任不落实，一些地方和部门安全监管不到位等突出问题。为进一步加强安全生产工作，全面提高企业安全生产水平，现就有关事项通知如下：

一、总体要求

1．工作要求。深入贯彻落实科学发展观，坚持以人为本，牢固树立安全发展的理念，切实转变经济发展方式，调整产业结构，提高经济发展的质量和效益，把经济发展建立在安全生产有可靠保障的基础上；坚持“安全第一、预防为主、综合治理”的方针，全面加强企业安全管理，健全规章制度，完善安全标准，提高企业技术水平，夯实安全生产基础；坚持依法依规生产经营，切实加强安全监管，强化企业安全生产主体责任落实和责任追究，促进我国安全生产形势实现根本好转。

2．主要任务。以煤矿、非煤矿山、交通运输、建筑施工、危险化学品、烟花爆竹、民用爆炸物品、冶金等行业（领域）为重点，全面加强企业安全生产工作。要通过更加严格的目标考核和责任追究，采取更加有效的管理手段和政策措施，集中整治非法违法生产行为，坚决遏制重特大事故发生；要尽快建成完善的国家安全生产应急救援体系，在高危行业强制推行一批安全适用的技术装备和防护设施，最大程度减少事故造成的损失；要建立更加完善的技术标准体系，促进企业安全生产技术装备全面达到国家和行业标准，实现我国安全生产技术水平的提高；要进一步调整产业结构，积极推进重点行业的企业重组和矿产资源开发整合，彻底淘汰安全性能低下、危及安全生产的落后产能；以更加有力的政策引导，形成安全生产长效机制。

二、严格企业安全管理

3. 进一步规范企业生产经营行为。企业要健全完善严格的安全生产规章制度，坚持不安全不生产。加强对生产现场监督检查，严格查处违章指挥、违规作业、违反劳动纪律的“三违”行为。凡超能力、超强度、超定员组织生产的，要责令停产停工整顿，并对企业和企业主要负责人依法给予规定上限的经济处罚。对以整合、技改名义违规组织生产，以及规定期限内未实施改造或故意拖延工期的矿井，由地方政府依法予以关闭。要加强对境外中资企业安全生产工作的指导和管理，严格落实境内投资主体和派出企业的安全生产监督责任。

4. 及时排查治理安全隐患。企业要经常性开展安全隐患排查，并切实做到整改措施、责任、资金、时限和预案“五到位”。建立以安全生产专业人员为主导的隐患整改效果评价制度，确保整改到位。对隐患整改不力造成事故的，要依法追究企业和企业相关负责人的责任。对停产整改逾期未完成的不得复产。

5. 强化生产过程管理的领导责任。企业主要负责人和领导班子成员要轮流现场带班。煤矿、非煤矿山要有矿领导带班并与工人同时下井、同时升井，对无企业负责人带班下井或该带班而未带班的，对有关责任人按擅离职守处理，同时给予规定上限的经济处罚。发生事故而没有领导现场带班的，对企业给予规定上限的经济处罚，并依法从重追究企业主要负责人的责任。

6. 强化职工安全培训。企业主要负责人和安全生产管理人员、特殊工种人员一律严格考核，按国家有关规定持职业资格证书上岗；职工必须全部经过培训合格后上岗。企业用工要严格依照劳动合同法与职工签订劳动合同。凡存在不经培训上岗、无证上岗的企业，依法停产整顿。没有对井下作业人员进行安全培训教育，或存在特种作业人员无证上岗的企业，情节严重的要依法予以关闭。

7. 全面开展安全达标。深入开展以岗位达标、专业达标和企业达标为内容的安全生产标准化建设，凡在规定时间内未实现达标的企业要依法暂扣其生产许可证、安全生产许可证，责令停产整顿；对整改逾期未达标的，地方政府要依法予以关闭。

三、建设坚实的技术保障体系

8. 加强企业生产技术管理。强化企业技术管理机构的安全职能，按规定配备安全技术人员，切实落实企业负责人安全生产技术管理负责制，强化企业主要技术负责人技术决策和指挥权。因安全生产技术问题不解决产生重大隐患的，要对企业主要负责人、主要技术负责人和有关人员给予处罚；发生事故的，依法追究责任。

9. 强制推行先进适用的技术装备。煤矿、非煤矿山要制定和实施生产技术装备标准，安装监测监控系统、井下人员定位系统、紧急避险系统、压风自救系统、供水施救系统和通信联络系统等技术装备，并于3年之内完成。逾期未安装的，依法暂扣安全生产许可证、生产许可证。运输危险化学品、烟花爆竹、民用爆炸物品的道路专用车辆，旅游包车和三类以上的班线客车要安装使用具有行驶记录功能的卫星定位装置，于2年之内全部完成；鼓励有条件的渔船安装防撞自动识别系统，在大型尾矿库安装全过程在线监控系统，大型起重机械要安装安全监控管理系统；积极推进信息化建设，努力提高企业安全防护水平。

10. 加快安全生产技术研发。企业在年度财务预算中必须确定必要的安全投入。国家鼓励企业开展安全科技研发，加快安全生产关键技术装备的换代升级。进一步落实《国家中长期科学和技术发展规划纲要（2006—2020年）》等，加大对高危行业安全技术、装备、工艺和产品研发的支持力度，引导高危行业提高机械化、自动化生产水平，合理确定生产一线用工。“十二五”期间要继续组织研发一批提升我国重点行业领域安全生产保障能力的关键技术和装备项目。

四、实施更加有力的监督管理

11．进一步加大安全监管力度。强化安全生产监管部门对安全生产的综合监管，全面落实公安、交通、国土资源、建设、工商、质检等部门的安全生产监督管理及工业主管部门的安全生产指导职责，形成安全生产综合监管与行业监管指导相结合的工作机制，加强协作，形成合力。在各级政府统一领导下，严厉打击非法违法生产、经营、建设等影响安全生产的行为，安全生产综合监管和行业管理部门要会同司法机关联合执法，以强有力措施查处、取缔非法企业。对重大安全隐患治理实行逐级挂牌督办、公告制度，重大隐患治理由省级安全生产监管部门或行业主管部门挂牌督办，国家相关部门加强督促检查。对拒不执行监管监察指令的企业，要依法依规从重处罚。进一步加强监管力量建设，提高监管人员专业素质和技术装备水平，强化基层站点监管能力，加强对企业安全生产的现场监管和技术指导。

12．强化企业安全生产属地管理。安全生产监管监察部门、负有安全生产监管职责的有关部门和行业管理部门要按职责分工，对当地企业包括中央、省属企业实行严格的安全生产监督检查和管理，组织对企业安全生产状况进行安全标准化分级考核评价，评价结果向社会公开，并向银行业、证券业、保险业、担保业等主管部门通报，作为企业信用评级的重要参考依据。

13．加强建设项目安全管理。强化项目安全设施核准审批，加强建设项目的日常安全监管，严格落实审批、监管的责任。企业新建、改建、扩建工程项目的安全设施，要包括安全监控设施和防瓦斯等有害气体、防尘、排水、防火、防爆等设施，并与主体工程同时设计、同时施工、同时投入生产和使用。安全设施与建设项目主体工程未做到同时设计的一律不予审批，未做到同时施工的责令立即停止施工，未同时投入使用的不得颁发安全生产许可证，并视情节追究有关单位负责人的责任。严格落实建设、设计、施工、监理、监管等各方安全责任。对项目建设生产经营单位存在违法分包、转包等行为的，立即依法停工停产整顿，并追究项目业主、承包方等各方责任。

14. 加强社会监督和舆论监督。要充分发挥工会、共青团、妇联组织的作用，依法维护和落实企业职工对安全生产的参与权与监督权，鼓励职工监督举报各类安全隐患，对举报者予以奖励。有关部门和地方要进一步畅通安全生产的社会监督渠道，设立举报箱，公布举报电话，接受人民群众的公开监督。要发挥新闻媒体的舆论监督，对舆论反映的客观问题要深查原因，切实整改。

五、建设更加高效的应急救援体系

15. 加快国家安全生产应急救援基地建设。按行业类型和区域分布，依托大型企业，在中央预算内基建投资支持下，先期抓紧建设7个国家矿山应急救援队，配备性能可靠、机动性强的装备和设备，保障必要的运行维护费用。推进公路交通、铁路运输、水上搜救、船舶溢油、油气田、危险化学品等行业（领域）国家救援基地和队伍建设。鼓励和支持各地区、各部门、各行业依托大型企业和专业救援力量，加强服务周边的区域性应急救援能力建设。

16. 建立完善企业安全生产预警机制。企业要建立完善安全生产动态监控及预警预报体系，每月进行一次安全生产风险分析。发现事故征兆要立即发布预警信息，落实防范和应急处置措施。对重大危险源和重大隐患要报当地安全生产监管监察部门、负有安全生产监管职责的有关部门和行业管理部门备案。涉及国家秘密的，按有关规定执行。

17. 完善企业应急预案。企业应急预案要与当地政府应急预案保持衔接，并定期进行演练。赋予企业生产现场带班人员、班组长和调度人员在遇到险情时第一时间下达停产撤人命令的直接决策权和指挥权。因撤离不及时导致人身伤亡事故的，要从重追究相关人员的法律责任。

六、严格行业安全准入

18. 加快完善安全生产技术标准。各行业管理部门和负有安全生产监管职责的有关部门要根据行业技术进步和产业升级的要求，加快制定修订生产、安全技术标准，制定和实施高危行业从业人员资格标准。对实施许可证管理制度的危险性作业要制定落实专项安全技术作业规程和岗位安全操作规程。

19. 严格安全生产准入前置条件。把符合安全生产标准作为高危行业企业准入的前置条件，实行严格的安全标准核准制度。矿山建设项目和用于生产、储存危险物品的建设项目，应当分别按照国家有关规定进行安全条件论证和安全评价，严把安全生产准入关。凡不符合安全生产条件违规建设的，要立即停止建设，情节严重的由本级人民政府或主管部门实施关闭取缔。降低标准造成隐患的，要追究相关人员和负责人的责任。

20. 发挥安全生产专业服务机构的作用。依托科研院所，结合事业单位改制，推动安全生产评价、技术支持、安全培训、技术改造等服务性机构的规范发展。制定完善安全生产专业服务机构管理办法，保证专业服务机构从业行为的专业性、独立性和客观性。专业服务机构对相关评价、鉴定结论承担法律责任，对违法违规、弄虚作假的，要依法依规从严追究相关人员和机构的法律责任，并降低或取消相关资质。

七、加强政策引导

21. 制定促进安全技术装备发展的产业政策。要鼓励和引导企业研发、采用先进适用的安全技术和产品，鼓励安全生产适用技术和新装备、新工艺、新标准的推广应用。把安全检测监控、安全避险、安全保护、个人防护、灾害监控、特种安全设施及应急救援等安全生产专用设备的研发制造，作为安全产业加以培育，纳入国家振兴装备制造业的政策支持范畴。大力发展安全装备融资租赁业务，促进高危行业企业加快提升安全装备水平。

22. 加大安全专项投入。切实做好尾矿库治理、扶持煤矿安全技改建设、瓦斯防治和小煤矿整顿关闭等各类中央资金的安排使用，落实地方和企业配套资金。加强对高危行业企业安全生产费用提取和使用管理的监督检查，进一步完善高危行业企业安全生产费用财务管理制度，研究提高安全生产费用提取下限标准，适当扩大适用范围。依法加强道路交通事故社会救助基金制度建设，加快建立完善水上搜救奖励与补偿机制。高危行业企业探索实行全员安全风险抵押金制度。完善落实工伤保险制度，积极稳妥推行安全生产责任保险制度。

23. 提高工伤事故死亡职工一次性赔偿标准。从2011年1月1日起，依照《工伤保险条例》的规定，对因生产安全事故造成的职工死亡，其一次性工亡补助金标准调整为按全国上一年度城镇居民人均可支配收入的20倍计算，发放给工亡职工近亲属。同时，依法确保工亡职工一次性丧葬补助金、供养亲属抚恤金的发放。

24. 鼓励扩大专业技术和技能人才培养。进一步落实完善校企合作办学、对口单招、订单式培养等政策，鼓励高等院校、职业学校逐年扩大采矿、机电、地质、通风、安全等相关专业人才的招生培养规模，加快培养高危行业专业人才和生产一线急需技能型人才。

八、更加注重经济发展方式转变

25. 制定落实安全生产规划。各地区、各有关部门要把安全生产纳入经济社会发展的总体布局，在制定国家、地区发展规划时，要同步明确安全生产目标和专项规划。企业要把安全生产工作的各项要求落实在企业发展和日常工作之中，在制定企业发展规划和年度生产经营计划中要突出安全生产，确保安全投入和各项安全措施到位。

26. 强制淘汰落后技术产品。不符合有关安全标准、安全性能低下、职业危害严重、危及安全生产的落后技术、工艺和装备要列入国家产业结构调整指导目录，予以强制性淘汰。各省级人民政府也要制订本地区相应的目录和措施，支持有效消除重大安全隐患的技术改造和搬迁项目，遏制安全水平低、保障能力差的项目建设和延续。对存在落后技术装备、构成重大安全隐患的企业，要予以公布，责令限期整改，逾期未整改的依法予以关闭。

27. 加快产业重组步伐。要充分发挥产业政策导向和市场机制的作用，加大对相关高危行业企业重组力度，进一步整合或淘汰浪费资源、安全保障低的落后产能，提高安全基础保障能力。

九、实行更加严格的考核和责任追究

28. 严格落实安全目标考核。对各地区、各有关部门和企业完成年度生产安全事故控制指标情况进行严格考核，并建立激励约束机制。加大重特大事故的考核权重，发生特别重大生产安全事故的，要根据情节轻重，追究地市级分管领导或主要领导的责任；后果特别严重、影响特别恶劣的，要按规定追究省部级相关领导的责任。加强安全生产基础工作考核，加快推进安全生产长效机制建设，坚决遏制重特大事故的发生。

29. 加大对事故企业负责人的责任追究力度。企业发生重大生产安全责任事故，追究事故企业主要负责人责任；触犯法律的，依法追究事故企业主要负责人或企业实际控制人的法律责任。发生特别重大事故，除追究企业主要负责人和实际控制人责任外，还要追究上级企业主要负责人的责任；触犯法律的，依法追究企业主要负责人、企业实际控制人和上级企业负责人的法律责任。对重大、特别重大生产安全责任事故负有主要责任的企业，其主要负责人终身不得担任本行业企业的矿长（厂长、经理）。对非法违法生产造成人员伤亡的，以及瞒报事故、事故后逃逸等情节特别恶劣的，要依法从重处罚。

30. 加大对事故企业的处罚力度。对于发生重大、特别重大生产安全责任事故或一年内发生 2 次以上较大生产安全责任事故并负主要责任的企业，以及存在重大隐患整改不力的企业，由省级及以上安全监管监察部门会同有关行业主管部门向社会公告，并向投资、国土资源、建设、银行、证券等主管部门通报，一年内严格限制新增的项目核准、用地审批、证券融资等，并作为银行贷款等的重要参考依据。

31. 对打击非法生产不力的地方实行严格的责任追究。在所辖区域对群众举报、上级督办、日常检查发现的非法生产企业（单位）没有采取有效措施予以查处，致使非法生产企业（单位）存在的，对县（市、区）、乡（镇）人民政府主要领导以及相关责任人，根据情节轻重，给予降级、撤职或者开除的行政处分，涉嫌犯罪的，依法追究刑事责任。国家另有规定的，从其规定。

32. 建立事故查处督办制度。依法严格事故查处，对事故查处实行地方各级安全生产委员会层层挂牌督办，重大事故查处实行国务院安全生产委员会挂牌督办。事故查处结案后，要及时予以公告，接受社会监督。

各地区、各部门和各有关单位要做好对加强企业安全生产工作的组织实施，制订部署本地区本行业贯彻落实本通知要求的具体措施，加强监督检查和指导，及时研究、协调解决贯彻实施中出现的突出问题。国务院安全生产委员会办公室和国务院有关部门要加强工作督查，及时掌握各地区、各部门和本行业（领域）工作进展情况，确保各项规定、措施执行落实到位。省级人民政府和国务院有关部门要将加强企业安全生产工作情况及时报送国务院安全生产委员会办公室。

国务院

二〇一〇年七月十九日

国务院关于坚持科学发展安全发展促进安全生产形势持续稳定好转的意见

国发〔2011〕40号

各省、自治区、直辖市人民政府，国务院各部委、各直属机构：

安全生产事关人民群众生命财产安全，事关改革开放、经济发展和社会稳定大局，事关党和政府形象和声誉。为深入贯彻落实科学发展观，实现安全发展，促进全国安全生产形势持续稳定好转，提出以下意见：

一、充分认识坚持科学发展安全发展的重大意义

（一）坚持科学发展安全发展是对安全生产实践经验的科学总结。多年来，各地区、各部门、各单位深入贯彻落实科学发展观，按照党中央、国务院的决策部署，大力推进安全发展，全国安全生产工作取得了积极进展和明显成效。“十一五”期间，事故总量和重特大事故大幅度下降，全国各类事故死亡人数年均减少约1万人，反映安全生产状况的各项指标显著改善，安全生产形势持续稳定好转。实践表明，坚持科学发展安全发展，是对新时期安全生产客观规律的科学认识和准确把握，是保障人民群众生命财产安全的必然选择。

（二）坚持科学发展安全发展是解决安全生产问题的根本途径。我国正处于工业化、城镇化快速发展进程中，处于生产安全事故易发多发的高峰期，安全基础仍然比较薄弱，重特大事故尚未得到有效遏制，非法违法生产经营建设行为屡禁不止，安全责任不落实、防范和监督管理不到位等问题在一些地方和企业还比较突出。安全生产工作既要解决长期积累的深层次、结构性和区域性问题，又要应对不断出现的新情况、新问题，根本出路在于坚持科学发展安全发展。要把这一重要思想和理念落实到生产经营建设的每一个环节，使之成为衡量各行业领域、各生产经营单位安全生产工作的基本标准，自觉做到不安全不生产，实现安全与发展的有机统一。

（三）坚持科学发展安全发展是经济发展社会进步的必然要求。随着经济发展和社会进步，全社会对安全生产的期待不断提高，广大从业人员“体面劳动”意识不断增强，对加强安全监管监察、改善作业环境、保障职业安全健康权益等方面的要求越来越高。这就要求各地区、各部门、各单位必须始终把安全生产摆在经济社会发展重中之重的位置，自觉坚持科学发展安全发展，把安全真正作为发展的前提和基础，使经济社会发展切实建立在安全保障能力不断增强、劳动者生命安全和身体健康得到切实保障的基础之上，确保人民群众平安幸福地享有经济发展和社会进步的成果。

二、指导思想和基本原则

（四）指导思想。坚持以邓小平理论和“三个代表”重要思想为指导，深入贯彻落实科学发展观，牢固树立以人为本、安全发展的理念，始终把保障人民群众生命财产安全放在首位，大力实施安全发展战略，紧紧围绕科学发展主题和加快转变经济发展方式主线，自觉坚持“安全第一、预防为主、综合治理”方针，坚持速度、质量、效益与安全的有机统一，以强化和落实企业主体责任为重点，以事故预防为主攻方向，以规范生产为保障，以科技进步为支撑，认真落实安全生产各项措施，标本兼治、综合治理，有效防范和坚决遏制重特大事故，促进安全生产与经济社会同步协调发展。

（五）基本原则。——统筹兼顾，协调发展。正确处理安全生产与经济社会发展、与速度质量效益的关系，坚持把安全生产放在首要位置，促进区域、行业领域的科学、安全、可持续发展。——依法治安，综合治理。健全完善安全生产法律法规、制度标准体系，严格安全生产执法，严厉打击非法违法行为，综合运用法律、行政、经济等手段，推动安全生产工作规范、有序、高效开展。——突出预防，落实责任。加大安全投入，严格安全准入，深化隐患排查治理，筑牢安全生产基础，全面落实企业安全生产主体责任、政府及部门监管责任和属地管理责任。——依靠科技，创新管理。加快安全科技研发应用，加强专业技术人才队伍和高素质的职工队伍培养，创新安全管理体制机制和方式方法，不断提升安全保障能力和安全管理水平。

三、进一步加强安全生产法制建设

（六）健全完善安全生产法律制度体系。加快推进安全生产法等相关法律法规的修订制定工作。适应经济社会快速发展的新要求，制定高速铁路、高速公路、大型桥梁隧道、超高层建筑、城市轨道交通和地下管网等建设、运行、管理方面的安全法规规章。根据技术进步和产业升级需要，抓紧修订完善国家和行业安全技术标准，尽快健全覆盖各行业领域的安全生产标准体系。进一步建立完善安全生产激励约束、督促检查、行政问责、区域联动等制度，形成规范有力的制度保障体系。

（七）加大安全生产普法执法力度。加强安全生产法制教育，普及安全生产法律知识，提高全民安全法制意识，增强依法生产经营建设的自觉性。加强安全生产日常执法、重点执法和跟踪执法，强化相关部门及与司法机关的联合执法，确保执法实效。继续依法严厉打击各类非法违法生产经营建设行为，切实落实停产整顿、关闭取缔、严格问责的惩治措施。强化地方人民政府特别是县乡级人民政府责任，对打击非法生产不力的，要严肃追究责任。

（八）依法严肃查处各类事故。严格按照“科学严谨、依法依规、实事求是、注重实效”的原则，认真调查处理每一起事故，查明原因，依法严肃追究事故单位和有关责任人的责任，严厉查处事故背后的腐败行为，及时向社会公布调查进展和处理结果。认真落实事故查处分级挂牌督办、跟踪督办、警示通报、诫勉约谈和现场分析制度，深刻吸取事故教训，查找安全漏洞，完善相关管理措施，切实改进安全生产工作。

四、全面落实安全生产责任

（九）认真落实企业安全生产主体责任。企业必须严格遵守和执行安全生产法律法规、规章制度与技术标准，依法依规加强安全生产，加大安全投入，健全安全管理机构，加强班组安全建设，保持安全设备设施完好有效。企业主要负责人、实际控制人要切实承担安全生产第一责任人的责任，带头执行现场带班制度，加强现场安全管理。强化企业技术负责人技术决策和指挥权，注重发挥注册安全工程师对企业安全状况诊断、评估、整改方面的作用。企业主要负责人、安全管理人员、特种作业人员一律经严格考核、持证上岗。企业用工要严格依照劳动合同法与职工签订劳动合同，职工必须全部经培训合格后上岗。

（十）强化地方人民政府安全监管责任。地方各级人民政府要健全完善安全生产责任制，把安全生产作为衡量地方经济发展、社会管理、文明建设成效的重要指标，切实履行属地管理职责，对辖区内各类企业包括中央、省属企业实施严格的安全生产监督检查和管理。严格落实地方行政首长安全生产第一责任人的责任，建立健全政府领导班子成员安全生产“一岗双责”制度。省、市、县级政府主要负责人要定期研究部署安全生产工作，组织解决安全生产重点难点问题。

（十一）切实履行部门安全生产管理和监督职责。健全完善安全生产综合监管与行业监管相结合的工作机制，强化安全生产监管部门对安全生产的综合监管，全面落实行业主管部门的专业监管、行业管理和指导职责。相关部门、境内投资主体和派出企业要切实加强对境外中资企业安全生产工作的指导和管理。要不断探索创新与经济运行、社会管理相适应的安全监管模式，建立健全与企业信誉、项目核准、用地审批、证券融资、银行贷款等方面相挂钩的安全生产约束机制。

五、着力强化安全生产基础

（十二）严格安全生产准入条件。要认真执行安全生产许可制度和产业政策，严格技术和安全质量标准，严把行业安全准入关。强化建设项目安全核准，把安全生产条件作为高危行业建设项目审批的前置条件，未通过安全评估的不准立项；未经批准擅自开工建设的，要依法取缔。严格执行建设项目安全设施“三同时”（同时设计、同时施工、同时投产和使用）制度。制定和实施高危行业从业人员资格标准。加强对安全生产专业服务机构管理，实行严格的资格认证制度，确保其评价、检测结果的专业性和客观性。

（十三）加强安全生产风险监控管理。充分运用科技和信息手段，建立健全安全生产隐患排查治理体系，强化监测监控、预报预警，及时发现和消除安全隐患。企业要定期进行安全风险评估分析，重大隐患要及时报安全监管监察和行业主管部门备案。各级政府要对重大隐患实行挂牌督办，确保监控、整改、防范等措施落实到位。各地区要建立重大危险源管理档案，实施动态全程监控。

（十四）推进安全生产标准化建设。在工矿商贸和交通运输行业领域普遍开展岗位达标、专业达标和企业达标建设，对在规定期限内未实现达标的企业，要依据有关规定暂扣其生产许可证、安全生产许可证，责令停产整顿；对整改逾期仍未达标的，要依法予以关闭。加强安全标准化分级考核评价，将评价结果向银行、证券、保险、担保等主管部门通报，作为企业信用评级的重要参考依据。

（十五）加强职业病危害防治工作。要严格执行职业病防治法，认真实施国家职业病防治规划，深入落实职业危害防护设施“三同时”制度，切实抓好煤（矽）尘、热害、高毒物质等职业危害防范治理。对可能产生职业病危害的建设项目，必须进行严格的职业病危害预评价，未提交预评价报告或预评价报告未经审核同意的，一律不得批准建设；对职业病危害防控措施不到位的企业，要依法责令其整改，情节严重的要依法予以关闭。切实做好职业病诊断、鉴定和治疗，保障职工安全健康权益。

六、深化重点行业领域安全专项整治

（十六）深入推进煤矿瓦斯防治和整合技改。加快建设“通风可靠、抽采达标、监控有效、管理到位”的瓦斯综合治理工作体系，完善落实瓦斯抽采利用扶持政策，推进瓦斯防治技术创新。严格控制高瓦斯和煤与瓦斯突出矿井建设项目审批。建立完善煤矿瓦斯防治能力评估制度，对不具备防治能力的高瓦斯和煤与瓦斯突出矿井，要严格按规定停产整改、重组或依法关闭。继续运用中央预算内投资扶持煤矿安全技术改造，支持煤矿整顿关闭和兼并重组。加强对整合技改煤矿的安全管理，加快推进煤矿井下安全避险系统建设和小煤矿机械化改造。

（十七）加大交通运输安全综合治理力度。加强道路长途客运安全管理，修订完善长途客运车辆安全技术标准，逐步淘汰安全性能差的运营车型。强化交通运输企业安全主体责任，禁止客运车辆挂靠运营，禁止非法改装车辆从事旅客运输。严格长途客运、危险品车辆驾驶人资格准入，研究建立长途客车驾驶人强制休息制度，持续严厉整治超载、超限、超速、酒后驾驶、高速公路违规停车等违法行为。加强道路运输车辆动态监管，严格按规定强制安装具有行驶记录功能的卫星定位装置并实行联网联控。提高道路建设质量，完善安全防护设施，加强桥梁、隧道、码头安全隐患排查治理。加强高速铁路和城市轨道交通建设运营安全管理。继续强化民航、农村和山区交通、水上交通的安全监管，特别要抓紧完善校车安全法规和标准，依法强化校车安全监管。

（十八）严格危险化学品安全管理。全面开展危险化学品安全管理现状普查评估，建立危险化学品安全管理信息系统。科学规划化工园区，优化化工企业布局，严格控制城镇涉及危险化学品的建设项目。各地区要积极研究制定鼓励支持政策，加快城区高风险危险化学品生产、储存企业搬迁。地方各级人民政府要组织开展地下危险化学品输送管道设施安全整治，加强和规范城镇地面开挖作业管理。继续推进化工装置自动控制系统改造。切实加强烟花爆竹和民用爆炸物品的安全监管，深入开展“三超一改”（超范围、超定员、超药量和擅自改变工房用途）和礼花弹等高危产品专项治理。

（十九）深化非煤矿山安全整治。进一步完善矿产资源开发整合常态化管理机制，制定实施非煤矿山主要矿种最小开采规模和最低服务年限标准。研究制定充填开采标准和规定。积极推行尾矿库一次性筑坝、在线监测技术，搞好尾矿综合利用。全面加强矿井安全避险系统建设，组织实施非煤矿山采空区监测监控等科技示范工程。加强陆地和海洋石油天然气勘探开采的安全管理，重点防范井喷失控、硫化氢中毒、海上溢油等事故。

（二十）加强建筑施工安全生产管理。按照“谁发证、谁审批、谁负责”的原则，进一步落实建筑工程招投标、资质审批、施工许可、现场作业等各环节安全监管责任。强化建筑工程参建各方企业安全生产主体责任。严密排查治理起重机、吊罐、脚手架等设施设备安全隐患。建立建筑工程安全生产信息系统，健全施工企业和从业人员安全信用体系，完善失信惩戒制度。建立完善铁路、公路、水利、核电等重点工程项目安全风险评估制度。严厉打击超越资质范围承揽工程、违法分包转包工程等不法行为。

（二十一）加强消防、冶金等其他行业领域的安全监管。地方各级人民政府要把消防规划纳入当地城乡规划，切实加强公共消防设施建设。大力实施社会消防安全“防火墙”工程，落实建设项目消防安全设计审核、验收和备案抽查制度，严禁使用不符合消防安全要求的装修装饰材料和建筑外保温材料。严格落实人员密集场所、大型集会活动等安全责任制，严防拥挤踩踏事故。加强冶金、有色等其他工贸行业企业安全专项治理，严格执行压力容器、电梯、游乐设施等特种设备安全管理制度，加强电力、农机和渔船安全管理。

七、大力加强安全保障能力建设

（二十二）持续加大安全生产投入。探索建立中央、地方、企业和社会共同承担的安全生产长效投入机制，加大对贫困地区和高危行业领域倾斜。完善有利于安全生产的财政、税收、信贷政策，强化政府投资对安全生产投入的引导和带动作用。企业在年度财务预算中必须确定必要的安全投入，提足用好安全生产费用。完善落实工伤保险制度，积极稳妥推行安全生产责任保险制度，发挥保险机制的预防和促进作用。

（二十三）充分发挥科技支撑作用。整合安全科技优势资源，建立完善以企业为主体、以市场为导向、产学研用相结合的安全技术创新体系。加快推进安全生产关键技术及装备的研发，在事故预防预警、防治控制、抢险处置等方面尽快推出一批具有自主知识产权的科技成果。积极推广应用安全性能可靠、先进适用的新技术、新工艺、新设备和新材料。企业必须加快国家规定的各项安全系统和装备建设，提高生产安全防护水平。加强安全生产信息化建设，建立健全信息科技支撑服务体系。

（二十四）加强产业政策引导。加大高危行业企业重组力度，进一步整合浪费资源、安全保障低的落后产能，加快淘汰不符合安全标准、职业危害严重、危及安全生产的落后技术、工艺和装备。地方各级人民政府要制定相关政策，遏制安全水平低、保障能力差的项目的建设和延续。对存在落后技术设备、构成重大安全隐患的企业，要予以公布，责令其限期整改，逾期未整改的依法予以关闭。把安全产业纳入国家重点支持的战略产业，积极发展安全装备融资租赁业务，促进企业加快提升安全装备水平。

（二十五）加强安全人才和监管监察队伍建设。加强安全科学与工程学科建设，办好安全工程类高等教育和职业教育，重点培养中高级安全工程与管理人才。鼓励高等院校、职业学校进一步落实完善校企合作办学、对口单招、订单式培养等政策，加快培养高危行业专业人才和生产一线急需技能型人才。

加快建设专业化的安全监管监察队伍，建立以岗位职责为基础的能力评价体系，加强在岗人员业务培训。进一步充实基层监管力量，改善监管监察装备和条件，创新安全监管监察机制，切实做到严格、公正、廉洁、文明执法。

八、建设更加高效的应急救援体系

（二十六）加强应急救援队伍和基地建设。抓紧7个国家级、14个区域性矿山应急救援基地建设，加快推进重点行业领域的专业应急救援队伍建设。县级以上地方人民政府要结合实际，整合应急资源，依托大型企业、公安消防等救援力量，加强本地区应急救援队伍建设。建立紧急医学救援体系，提升事故医疗救治能力。建立救援队伍社会化服务补偿机制，鼓励和引导社会力量参与应急救援。

（二十七）完善应急救援机制和基础条件。健全省、市、县及中央企业安全生产应急管理体系，加快建设应急平台，完善应急救援协调联动机制。建立健全自然灾害预报预警联合处置机制，加强安监、气象、地震、海洋等部门的协调配合，严防自然灾害引发事故灾难。建立完善企业安全生产动态监控及预警预报体系。加强应急救援装备建设，强化应急物资和紧急运输能力储备，提高应急处置效率。

（二十八）加强预案管理和应急演练。建立健全安全生产应急预案体系，加强动态修订完善。落实省、市、县三级安全生产预案报备制度，加强企业预案与政府相关应急预案的衔接。定期开展应急预案演练，切实提高事故救援实战能力。企业生产现场带班人员、班组长和调度人员在遇到险情时，要按照预案规定，立即组织停产撤人。

九、积极推进安全文化建设

（二十九）加强安全知识普及和技能培训。加强安全教育基地建设，充分利用电视、互联网、报纸、广播等多种形式和手段普及安全常识，增强全社会科学发展、安全发展的思想意识。在中小学广泛普及安全基础教育，加强防灾避险演练。全面开展安全生产、应急避险和职业健康知识进企业、进学校、进乡村、进社区、进家庭活动，努力提升全民安全素质。大力开展企业全员安全培训，重点强化高危行业和中小企业一线员工安全培训。完善农民工向产业工人转化过程中的安全教育培训机制。建立完善安全技术人员继续教育制度。大型企业要建立健全职业教育和培训机构。加强地方政府安全生产分管领导干部的安全培训，提高安全管理水平。

（三十）推动安全文化发展繁荣。充分利用社会资源和市场机制，培育发展安全文化产业，打造安全文化精品，促进安全文化市场繁荣。加强安全公益宣传，大力倡导“关注安全、关爱生命”的安全文化。建设安全文化主题公园、主题街道和安全社区，创建若干安全文化示范企业和安全发展示范城市。推进安全文化理论和建设手段创新，构建自我约束、持续改进的长效机制，不断提高安全文化建设水平，切实发挥其对安全生产工作的引领和推动作用。

十、切实加强组织领导和监督

（三十一）健全完善安全生产工作格局。各地区要进一步健全完善政府统一领导、部门依法监管、企业全面负责、群众参与监督、全社会广泛支持的安全生产工作格局，形成各方面齐抓共管的合力。要切实加强安全生产工作的组织领导，充分发挥各级政府安全生产委员会及其办公室的指导协调作用，落实各成员单位工作责任。县级以上人民政府要依法健全完善安全生产、职业健康监管体系，安全生产任务较重的乡镇要加强安全监管力量建设，确保事有人做、责有人负。

（三十二）加强安全生产绩效考核。把安全生产考核控制指标纳入经济社会发展考核评价指标体系，加大各级领导干部政绩业绩考核中安全生产的权重和考核力度。把安全生产工作纳入社会主义精神文明和党风廉政建设、社会管理综合治理体系之中。制定完善安全生产奖惩制度，对成效显著的单位和个人要以适当形式予以表扬和奖励，对违法违规、失职渎职的，依法严格追究责任。

（三十三）发挥社会公众的参与监督作用。推进安全生产政务公开，健全行政许可网上申请、受理、审批制度。落实安全生产新闻发布制度和救援工作报道机制，完善隐患、事故举报奖励制度，加强社会监督、舆论监督和群众监督。支持各级工会、共青团、妇联等群众组织动员广大职工开展群众性安全生产监督和隐患排查，落实职工岗位安全责任，推进群防群治。

国务院

二〇一一年十一月二十六日

国务院安委会关于深入开展企业安全生产标准化建设的指导意见

安委〔2011〕4号

各省、自治区、直辖市人民政府，新疆生产建设兵团，国务院安全生产委员会各有关成员单位：

为深入贯彻落实《国务院关于进一步加强企业安全生产工作的通知》（国发〔2010〕23号，以下简称《国务院通知》）和《国务院办公厅关于继续深化“安全生产年”活动的通知》（国办发〔2011〕11号，以下简称《国办通知》）精神，全面推进企业安全生产标准化建设，进一步规范企业安全生产行为，改善安全生产条件，强化安全基础管理，有效防范和坚决遏制重特大事故发生，经报国务院领导同志同意，现就深入开展企业安全生产标准化建设提出如下指导意见：

一、充分认识深入开展企业安全生产标准化建设的重要意义

（一）是落实企业安全生产主体责任的必要途径。国家有关安全生产法律法规和规定明确要求，要严格企业安全管理，全面开展安全达标。企业是安全生产的责任主体，也是安全生产标准化建设的主体，要通过加强企业每个岗位和环节的安全生产标准化建设，不断提高安全管理水平，促进企业安全生产主体责任落实到位。

（二）是强化企业安全生产基础工作的长效制度。安全生产标准化建设涵盖了增强人员安全素质、提高装备设施水平、改善作业环境、强化岗位责任落实等各个方面，是一项长期的、基础性的系统工程，有利于全面促进企业提高安全生产保障水平。

（三）是政府实施安全生产分类指导、分级监管的重要依据。实施安全生产标准化建设考评，将企业划分为不同等级，能够客观真实地反映出各地区企业安全生产状况和不同安全生产水平的企业数量，为加强安全监管提供有效的基础数据。

（四）是有效防范事故发生的重要手段。深入开展安全生产标准化建设，能够进一步规范从业人员的安全行为，提高机械化和信息化水平，促进现场各类隐患的排查治理，推进安全生产长效机制建设，有效防范和坚决遏制事故发生，促进全国安全生产状况持续稳定好转。

各地区、各有关部门和企业要把深入开展企业安全生产标准化建设的思想行动统一到《国务院通知》的规定要求上来，充分认识深入开展安全生产标准化建设对加强安全生产工作的重要意义，切实增强推动企业安全生产标准化建设的自觉性和主动性，确保取得实效。

二、总体要求和目标任务

（一）总体要求。深入贯彻落实科学发展观，坚持“安全第一、预防为主、综合治理”的方针，牢固树立以人为本、安全发展理念，全面落实《国务院通知》和《国办通知》精神，按照《企业安全生产标准化基本规范》（AQ/T 9006—2010，以下简称《基本规范》）和相关规定，制定完善安全生产标准和制度规范。严格落实企业安全生产责任制，加强安全科学管理，实现企业安全管理的规范化。加强安全教育培训，强化安全意识、技术操作和防范技能，杜绝“三违”。加大安全投入，提高专业技术装备水平，深化隐患排查治理，改进现场作业条件。通过安全生产标准化建设，实现岗位达标、专业达标和企业达标，各行业（领域）企业的安全生产水平明显提高，安全管理和事故防范能力明显增强。

（二）目标任务。在工矿商贸和交通运输行业（领域）深入开展安全生产标准化建设，重点突出煤矿、非煤矿山、交通运输、建筑施工、危险化学品、烟花爆竹、民用爆炸物品、冶金等行业（领域）。其中，煤矿要在2011年底前，危险化学品、烟花爆竹企业要在2012年底前，非煤矿山和冶金、机械等工贸行业（领域）规模以上企业要在2013年底前，冶金、机械等工贸行业（领域）规模以下企业要在2015年前实现达标。要建立健全各行业（领域）企业安全生产标准化评定标准和考评体系；进一步加强企业安全生产规范化管理，推进全员、全方位、全过程安全管理；加强安全生产科技装备，提高安全保障能力；严格把关，分行业（领域）开展达标考评验收；不断完善工作机制，将安全生产标准化建设纳入企业生产经营全过程，促进安全生产标准化建设的动态化、规范化和制度化，有效提高企业本质安全水平。

三、实施方法

（一）打基础，建章立制。按照《基本规范》要求，将企业安全生产标准化等级规范为一、二、三级。各地区、各有关部门要分行业（领域）制定安全生产标准化建设实施方案，完善达标标准和考评办法，并于2011年5月底以前将本地区、本行业（领域）安全生产标准化建设实施方案报国务院安委会办公室。企业要从组织机构、安全投入、规章制度、教育培训、装备设施、现场管理、隐患排查治理、重大危险源监控、职业健康、应急管理以及事故报告、绩效评定等方面，严格对应评定标准要求，建立完善安全生产标准化建设实施方案。

（二）重建设，严加整改。企业要对照规定要求，深入开展自检自查，建立企业达标建设基础档案，加强动态管理，分类指导，严抓整改。对评为安全生产标准化一级的企业要重点抓巩固、二级企业着力抓提升、三级企业督促抓改进，对不达标的企业要限期抓整顿。各地区和有关部门要加强对安全生产标准化建设工作的指导和督促检查，对问题集中、整改难度大的企业，要组织专业技术人员进行“会诊”，提出具体办法和措施，集中力量，重点解决；要督促企业做到隐患排查治理的措施、责任、资金、时限和预案“五到位”，对存在重大隐患的企业，要责令停产整顿，并跟踪督办。对发生较大以上生产安全事故、存在非法违法生产经营建设行为、重大隐患限期整顿仍达不到安全要求，以及未按规定要求开展安全生产标准化建设且在规定限期内未及时整改的，取消其安全生产标准化达标参评资格。

（三）抓达标，严格考评。各地区、各有关部门要加强对企业安全生产标准化建设的督促检查，严格组织开展达标考评。对安全生产标准化一级企业的评审、公告、授牌等有关事项，由国家有关部门或授权单位组织实施；二级、三级企业的评审、公告、授牌等具体办法，由省级有关部门制定。各地区、各有关部门在企业安全生产标准化创建中不得收取费用。要严格达标等级考评，明确企业的专业达标最低等级为企业达标等级，有一个专业不达标则该企业不达标。

各地区、各有关部门要结合本地区、本行业（领域）企业的实际情况，对安全生产标准化建设工作作出具体安排，积极推进，成熟一批、考评一批、公告一批、授牌一批。对在规定时间内经整改仍不具备最低安全生产标准化等级的企业，地方政府要依法责令其停产整改直至依法关闭。各地区、各有关部门要将考评结果汇总后报送国务院安委会办公室备案，国务院安委会办公室将适时组织抽检。

四、工作要求

（一）加强领导，落实责任。按照属地管理和“谁主管、谁负责”的原则，企业安全生产标准化建设工作由地方各级人民政府统一领导，明确相关部门负责组织实施。国家有关部门负责指导和推动本行业（领域）企业安全生产标准化建设，制定实施方案和达标细则。企业是安全生产标准化建设工作的责任主体，要坚持高标准、严要求，全面落实安全生产法律法规和标准规范，加大投入，规范管理，加快实现企业高标准达标。

（二）分类指导，重点推进。对于尚未制定企业安全生产标准化评定标准和考评办法的行业（领域），要抓紧制定；已经制定的，要按照《基本规范》和相关规定进行修改完善，规范已达标企业的等级认定。要针对不同行业（领域）的特点，加强工作指导，把影响安全生产的重大隐患排查治理、重大危险源监控、安全生产系统改造、产业技术升级、应急能力提升、消防安全保障等作为重点，在达标建设过程中切实做到"六个结合"，即与深入开展执法行动相结合，依法严厉打击各类非法违法生产经营建设行为；与安全专项整治相结合，深化重点行业（领域）隐患排查治理；与推进落实企业安全生产主体责任相结合，强化安全生产基层和基础建设；与促进提高安全生产保障能力相结合，着力提高先进安全技术装备和物联网技术应用等信息化水平；与加强职业安全健康工作相结合，改善从业人员的作业环境和条件；与完善安全生产应急救援体系相结合，加快救援基地和相关专业队伍标准化建设，切实提高实战救援能力。

（三）严抓整改，规范管理。严格安全生产行政许可制度，促进隐患整改。对达标的企业，要深入分析二级与一级、三级与二级之间的差距，找准薄弱点，完善工作措施，推进达标升级；对未达标的企业，要盯住抓紧，督促加强整改，限期达标。通过安全生产标准化建设，实现"四个一批"：对在规定期限内仍达不到最低标准、不具备安全生产条件、不符合国家产业政策、破坏环境、浪费资源，以及发生各类非法违法生产经营建设行为的企业，要依法关闭取缔一批；对在规定时间内未实现达标的，要依法暂扣其生产许可证、安全生产许可证，责令停产整顿一批；对具备基本达标条件，但安全技术装备相对落后的，要促进达标升级，改造提升一批；对在本行业（领域）具有示范带动作用的企业，要加大支持力度，巩固发展一批。

（四）创新机制，注重实效。各地区、各有关部门要加强协调联动，建立推进安全生产标准化建设工作机制，及时发现解决建设过程中出现的突出矛盾和问题，对重大问题要组织相关部门开展联合执法，切实把安全生产标准化建设工作作为促进落实和完善安全生产法规规章、推广应用先进技术装备、强化先进安全理念、提高企业安全管理水平的重要途径，作为落实安全生产企业主体责任、部门监管责任、属地管理责任的重要手段，作为调整产业结构、加快转变经济发展方式的重要方式，扎实推进。要把安全生产标准化建设纳入安全生产“十二五”规划及有关行业（领域）发展规划。要积极研究采取相关激励政策措施，将达标结果向银行、证券、保险、担保等主管部门通报，作为企业绩效考核、信用评级、投融资和评先推优等的重要参考依据，促进提高达标建设的质量和水平。

（五）严格监督，加强宣传。各地区、各有关部门要分行业（领域）、分阶段组织实施，加强对安全生产标准化建设工作的督促检查，严格对有关评审和咨询单位进行规范管理。要深入基层、企业，加强对重点地区和重点企业的专题服务指导。加强安全专题教育，提高企业安全管理人员和从业人员的技能素质。充分利用各类舆论媒体，积极宣传安全生产标准化建设的重要意义和具体标准要求，营造安全生产标准化建设的浓厚社会氛围。国务院安委会办公室以及各地区、各有关部门要建立公告制度，定期发布安全生产标准化建设进展情况和达标企业、关闭取缔企业名单；及时总结推广有关地区、有关部门和企业的经验做法，培育典型，示范引导，推进安全生产标准化建设工作广泛深入、扎实有效开展。

国务院安全生产委员会

二〇一一年五月三日

交通运输企业安全生产标准化建设实施方案

一、指导思想和工作目标

（一）指导思想

以科学发展观为统领，坚持“安全第一、预防为主、综合治理”的方针，牢固树立以人为本、安全发展的理念，全面贯彻国发〔2010〕23 号和安委〔2011〕4 号文件精神，以落实企业安全生产主体责任为主线，以强化安全生产“双基”（基层、基础）为重点，通过开展企业安全生产标准化建设，全面提升交通运输企业安全生产水平，为构建便捷、安全、经济、高效的综合运输体系、发展现代交通运输业提供可靠的安全保障。

（二）工作目标

1．企业安全生产水平明显提升。通过开展交通运输企业安全生产标准化建设，体制机制不断完善，主体责任进一步落实，员工素质稳步提高，科技装备水平和管理能力明显提升，突出问题有效解决，企业安全生产形势持续稳定好转

2．各类事故明显下降。重大以上事故明显下降，到 2015 年，营运车辆万车死亡事故件数和死亡人数平均每年下降 3% ；运输船舶百万吨港口吞吐量水上交通事故件数和死亡人数平均每年下降 5%；城市客运百万车公里死亡事故件数和死亡人数平均每年下降 1%；公路水运工程建设百亿元投资死亡事故件数和死亡人数平均每年下降 1% 。

3．推进企业全面达标。交通运输企业全面开展安全生产标准化建设工作，实现企业安全管理标准化、作业现场标准化和操作过程标准化。力争从事客运、危险化学品和烟花爆竹等重点运输企业在 2013 年底前达标，其他交通运输企业在 2015 年前达标。

二、实施范围

具有独立法人资格，具体从事公路水路运输、城市客运和公路水运工程施工等生产经营建设活动的交通运输企业。

三、管理分工

企业安全生产标准化达标分一级、二级、三级，其中一级最高，三级最低。交通运输部负责一级企业的达标评审管理，省级交通运输主管部门和长江航务管理局负责二级、三级企业的达标评审管理。

四、主要内容

（一）制订工作方案

各部门、各单位要根据本方案的内容和要求，结合本地区、本单位实际情况，制定实施方案，明确目标、任务、责任，确定标准化示范企业名单，确保标准化建设有计划、有步骤顺利开展。

（二）建立相关制度和标准

根据国家和交通运输安全生产相关法律法规、标准和规范，制定交通运输企业安全生产标准化达标管理办法、评级程序和达标标准，明确工作流程，细化安全生产达标标准。

（三）确定评审单位和评审人员

一级安全生产标准化企业的评审单位由交通运输部确定；二级、三级安全生产标准化企业的评审单位由省级交通运输主管部门、长江航务管理局确定，并报交通运输部备案，确定的评审单位应向社会公布。评审一级企业的评审人员资质由交通运输部认可，评审二级、三级企业的评审人员资质由省级交通运输主管部门、长江航务管理局确定，并报交通运输部备案。

（四）示范推广

部确定在港口、航运、道路运输、城市客运、公路水运工程建设企业各选择 1 至 2 家作为示范，以总结经验、深入推广。省级交通运输管理部门和长江航务管理也应结合实际，做好示范推广工作 。

五、工作要求

（一）加强组织领导。部安全委员会负责全国交通运输企业安全生产标准化建设工作的组织领导，部安全委员会办公室具体负责日常工作。各部门、各单位要结合实际，明确相应的组织领导机构，认真制定工作方案，合理确定阶段目标，分阶段、分步骤实施。2011 年重点抓好政策法规、评级和评级标准的制订及宣传推广等工作；2012 年开始全面开展安全生产标准化建设工作，成熟一批、评审一批，确保 2015 年底以前实现既定目标。

（二）加强工作指导。各部门、各单位要按照方案要求，指导和督促企业、评审单位积极开展安全生产标准化建设和评审工作，按期完成工作任务，确保工作质量。要实行分类指导，加强对评审单位和评审人员的专题培训，研究解决安全生产标准化建设工作中的新问题；要开展示范推广，发挥榜样作用，创新体制机制，加强经验交流，以点带面、推动企业全面达标，为企业安全生产标准化建设提供有效的指导服务。

（三）加强跟踪管理。各部门、各单位要加强跟踪和监督检查，不断巩固建设成果，坚持与时俱进、突出建设重点、解决突出问题，做到持续改进和升级，切实提高企业安全生产标准化建设水平。要将安全达标与行政许可、日常安全监管工作有机结合起来，凡不符合安全生产条件的，一律不得批准从事交通运输生产经营建设活动；凡在规定的时间内仍不能达标的企业，一律依法停业整顿直至吊扣或注销经营许可证，并在媒体公开曝光。要加强相关立法工作，以法律手段督促达标；完善考核制度，落实工作责任，以行政手段推进达标；建立有效激励机制，激发企业自觉性，以经济手段引导达标。要建立安全生产标准化建设工作信息化管理平台，加强对工作进展的实时管理，及时掌握动态信息，提高工作效率和服务水平。

（四）加大宣传力度。各部门、各单位要采取多种形式 大力开展安全生产标准化建设宣传教育活动，充分利用各种媒体，及时广泛宣传工作进展和好的经验做法，为企业安全 生产标准化建设工作营造良好的氛围。凡经考评达标的企 业，要向社会公告，通过加大正面宣传力度，带动其他企业 做好安全生产达标工作。

交通运输企业安全生产标准化考评管理办法

第一章 总 则

第一条 为贯彻落实国务院关于加强企业安全生产工作的要求，依据《关于进一步加强企业安全生产工作的通知》（国发〔2010〕23号）和《关于坚持科学发展安全发展促进安全生产形势持续稳定好转的意见》（国发〔2011〕40号），规范交通运输企业安全生产标准化考评及其管理行为，制定本办法。

第二条 本办法适用于全国交通运输企业安全生产标准化考评及其管理活动。

第三条 交通运输企业安全生产标准化达标等级分为一级、二级、三级，其中城市轨道交通企业安全生产达标标准等级分为一级、二级。

评为一级达标企业的考评分数不低于900分（满分1000分，下同）且完全满足所有达标企业必备条件，评为二级达标企业的考评分数不低于700分且完全满足二、三级达标企业必备条件，评为三级达标企业的考评分数不低于600分且完全满足三级达标企业必备条件。

第四条 交通运输部主管全国交通运输企业安全生产标准化工作并负责一级达标企业的考评工作。

省级交通运输主管部门负责本管辖范围内交通运输企业安全生产标准化工作和二、三级达标企业的考评工作。

长江航务管理局、珠江航务管理局分别负责长江干线、西江干线跨省航运企业安全生产标准化工作和二、三级达标企业的考评工作。以上部门和单位统称为主管机关。

第五条　交通运输企业安全生产标准化考评包括初次考评、换证考评和附加考评等三种形式。

第六条　交通运输企业安全生产标准化考评工作应坚持客观、公正、公开、透明的原则，由主管机关按照本办法组织实施。

第七条　主管机关应向社会公告交通运输企业安全生产标准化考评结果。

第二章　考评机构与考评员

第八条　主管机关或其认定的考评机构负责对交通运输企业实施考评。

第九条　考评机构应具备以下条件：

（一）交通运输事业单位或经批准注册的交通运输系统社团组织；

（二）具备固定办公地点和必要的设备；

（三）具有一定数量从事相关领域考评工作需要的管理人员及考评员；

（四）建有相应的管理制度。

第十条　考评机构应经主管机关认可，接受主管机关的监督管理，并按照主管机关赋予的权限开展工作，建立企业考评档案。

第十一条　考评员应具有交通运输相关学历和工作经历，并经专业培训、考试合格取得资格。

第十二条　主管机关负责考评员适任条件的审核、考试发证、注册登记等管理工作，并建立档案。

考评机构应建立考评员日常管理档案，并按年度向主管机关备案。

第三章　考评与发证

第十三条　申请考评的企业应向主管机关提交申请。

第十四条　考评活动采用资料核对、人员询问、现场考评等方法进行，人员询问、现场查验可以按一定比例进行抽查。

第一节　初次考评和发证

第十五条　申请初次考评的企业应具备以下条件：

（一）具有企业法人资格（含分公司），并直接从事交通运输生产经营建设行为的实体；

（二）具有与其经营管理相适应的安全生产管理机构和人员，并建有相应的安全生产管理制度；

（三）已进行安全生产标准化建设自评。

第十六条　初次考评应提交申请报告，并附以下材料：

（一）企业法人营业执照、经营许可证等；

（二）企业基本情况和安全生产组织架构；

（三）企业安全生产基本情况；

（四）企业安全生产标准化建设自评报告。

第十七条　主管机关收到初次考评申请及所附材料后，应审查以下内容：

（一）是否属于本管辖范围；

（二）是否满足申请条件；

（三）申请材料是否齐全。

申请材料不符合要求的，应告知企业补充、修改或重新提交申请。

第十八条　对满足申请要求的企业，主管机关应结合企业的申请确定考评机构。考评机构应按照主管机关的要求和本办法的规定对企业安全生产情况进行考评。

第十九条　企业通过考评的，由考评机构报主管机关审核同意后，向该企业签发安全生产标准化达标证书。未通过考评的或经主管机关审核不合格的，企业应采取纠正措施并可在3个月后重新申请考评。

第二十条　企业安全生产标准化达标证书有效期为3年。

第二十一条 已取得相关机构颁发的安全生产管理体系证书（证明）的企业，连续3年未发生重特大事故的，经主管机关对必备条件审核后，可颁发二级或三级安全生产达标证书。

第二十二条 企业申请高一级别安全生产标准化达标考评，考评及发证的内容、范围和方法按照初次考评的有关规定执行。

第二十三条 新组建企业应于正式运营6个月内提出初次考评申请。

第二节 换证考评与发证

第二十四条 换证考评申请应在企业安全生产标准化达标证书有效期届满之日前3个月内提出。

第二十五条 换证考评申请应附送以下材料：

（一）企业法人营业执照、经营许可证等；

（二）安全生产标准化达标证书；

（三）企业基本情况和安全生产组织架构；

（四）企业安全生产管理情况。

第二十六条 换证考评及发证的内容、范围和方法参照初次考评的有关规定执行。

第二十七条 换证考评和发证应在现有企业安全生产标准化达标证书有效期届满前完成。

第二十八条 换证考评未通过的，企业应在原证书期满后3个月内提出重新考评申请。

第二十九条 企业安全生产标准化达标证书遗失的，可以向原考评发证机构申请补发。

企业法人代表、名称、地址等变更的，应在变更后1个月内，向相应的主管机关提供有关材料，申请对企业安全生产标准化达标证书的变更。

第三十条 主管机关向企业、考评机构、考评人员发放证书不得收取任何费用。

第三节 附加考评

第三十一条 有下列情况之一的，主管机关或其指定的考评机构应对持有企业安全生产标准化达标证书的企业实施附加考评：

（一）企业发生重大及以上安全责任事故；

（二）企业一年内连续发生二次及以上较大安全责任事故；

（三）企业被举报并经核实其安全生产管理存在重大安全问题；

（四）企业发生其他可能影响其安全生产管理的重大事件或主管机关认为确实必要的。

上述事故等级按照《生产安全事故报告和调查处理条例》（国务院第493号令）确定。

第三十二条 附加考评应针对引发附加考评的原因进行。在考评中发现有严重问题的，可扩大考评范围，直至实施全面考评。

第三十三条 通过附加考评并经主管机关审核合格的，维持企业安全生产标准化达标证书的有效性。

未通过附加考评或经主管机关审定认为其安全生产管理存在重大问题的，主管机关应责令其整改，整改合格的，企业应在3个月内再次申请初次考评。

第四章 责任与义务

第三十四条 对企业所实施的安全生产标准化达标考评，不解除企业遵守国际、国内有关安全法规的责任。

第三十五条 在接受考评过程中，企业应：

（一）提供所需的工作便利，以确保考评员充分有效地实施考评；

（二）如实提供相关资料和证据；

（三）与考评员合作，以保证考评工作顺利完成。

第三十六条 考评员应保守秘密并谨慎处理所接触的有关文件、特许的信息资料等。

企业可以向主管机关或考评机构举报、投诉考评员的不正当行为。

第三十七条 主管机关应对考评机构和考评员进行监督管理。考评机构或考评员如有违法违纪行为的，主管机关应做出处理直至取消其考评资格。

第三十八条 主管机关相关管理人员和考评员应严格遵守本办法和有关廉政规定，不得借考评工作谋取任何私利。

第五章 附 则

第三十九条 本办法所指的交通运输企业主要包括直接从事道路水路运输（含客货运输企业、客货运站场、港口经营企业）、城市客运（含公交、轨道交通、出租汽车企业）、交通运输建设施工、机动车维修等的企业。

第四十条 对外国驻华交通运输企业的考评发证，由主管机关或其认定的考评机构参照本办法的规定实施。

交通运输行业内具有直接从事安全生产经营建设行为的事业单位，由其主管部门参照本办法实施安全生产标准化考评。

第四十一条 企业安全生产标准化相关证书式样和表格格式由交通运输部统一制定。

第四十二条 本办法自发布之日实施。

交通运输企业安全生产标准化达标考评指标

一、城市公共汽车客运企业安全生产达标考评指标

考评内容	考评要点		分值	考评评价	得分
一、安全目标35分	1. 安全工作方针与目标	①制定企业安全生产方针、目标和不低于上级下达的安全控制指标；	5★★★		
		②制定实现安全工作方针与目标的措施。	5		
	2. 中长期规划	①制定和实施企业安全生产中长期规划和跨年度专项工作方案。	5★★		
	3. 年度计划	①根据中长期规划，制定年度计划和年度专项活动方案，并严格执行。	5		
	4. 目标考核	①将安全生产管理指标进行细化和分解，制定阶段性的安全生产控制指标；	5		
		②制定安全生产目标考核与奖惩办法；	5		
		③定期考核年度安全生产目标完成情况，并奖惩兑现。	5		
二、管理机构和人员40分	1. 安全管理机构	①成立安全生产委员会（或领导小组），下属各分支机构分别成立相应的领导机构。安委会职责明确，实行主要领导负责制；	10★★		
		②按规定设置与企业规模相适应且独立的安全生产管理机构；	15★★★		
		③定期召开安全生产委员会会议。安全生产管理机构和下属各分支机构每月至少召开一次安全工作例会。	5		

续上表

考评内容	考评要点		分值	考评评价	得分
二、管理机构和人员40分	2. 管理人员配备	①按规定足额配备专职安全生产和应急管理人员。	10★★★		
三、安全责任体系45分	1. 健全责任制	①企业主要负责人、分管领导、全体员工安全职责明确，制定并落实安全生产责任制，层层签订安全生产责任书，并落实到位；	10★★★		
		②主要负责人或实际控制人是安全生产第一责任人，按照安全生产法律法规赋予的职责，对安全生产负全面组织领导、管理责任和法律责任，并履行安全生产的责任和义务；	5★★		
		③分管安全生产的负责人是安全生产的重要负责人，统筹协调和综合管理企业的安全生产工作，对安全生产负重要管理责任；	5		
		④其他负责人和全体员工实行“一岗双责”，对业务范围内的安全生产工作负责；	5		
		⑤安全生产管理机构、各职能部门、生产基层单位的安全职责明确并落实到位。	10		
	2. 责任制考评	①根据安全生产责任进行定期考核和奖惩，公告考评和奖惩情况。	10★★		
四、法规和安全管理制度70分	1. 资质	①《道路运输经营许可证》、《企业法人营业执照》合法有效，经营范围符合要求。	5★★★		

续上表

考评内容	考评要点		分值	考评评价	得分
四、法规和安全管理制度70分	2. 法规	①及时识别、获取适用的安全生产法律法规、标准规范;	5		
		②将法规标准和相关要求及时转化为本单位的规章制度,贯彻到各项工作中;	5		
		③执行并落实安全生产法律法规、标准规范;	5		
		④将适用的安全生产法律、法规、标准及其他要求及时对从业人员进行宣传和培训。	5		
	3. 安全管理制度	①制定并及时修订安全生产管理制度,包括:1)安全生产责任制;2)安全例会制度;3)文件和档案管理制度;4)安全生产费用提取和使用管理制度;5)设施、设备、货物安全管理制度;6)安全生产培训和教育学习制度;7)安全生产监督检查制度;8)事故统计报告制度;9)安全生产奖惩制度;	10		
		②对从业人员进行安全管理制度的学习和培训。	5		
	4. 岗位安全生产操作规程	①制定并及时修订各岗位的安全生产操作规程,并发放到岗位(职工);	10★★★		
		②对从业人员进行安全操作规程的学习和培训;从业人员严格执行本单位的安全操作规程。	5		

续上表

考评内容	考评要点		分值	考评评价	得分
四、法规和安全管理制度70分	5.制度执行及档案管理	①执行国家有关安全生产方针、政策、法规及本单位的安全管理制度和操作规程,依据行业特点,制定企业安全生产管理措施;	5		
		②每年至少一次对安全生产法律法规、标准规范、规章制度、操作规程的执行情况进行检查;	5		
		③建立和完善各类台账和档案,并按要求及时报送有关资料和信息。	5★★★		
五、安全投入50分	1.资金投入	①按规定足额提取安全生产费用;	10★★★		
		②安全生产经费专款专用,保证安全生产投入的有效实施;	15★★		
		③及时投入满足安全生产条件的所需资金;	10		
		④为旅客投保承运人责任险。	5★★		
	2.费用管理	①跟踪、监督安全生产专项经费使用情况;	5		
		②建立安全费用使用台账。	5		
六、装备设施115分	1.车辆管理	①车辆持有效的《机动车行驶证》;	5★★★		
		②车辆安全性能符合《机动车运行安全技术条件》(GB 7258—2004)要求;	5		
		③安全生产设施设备齐全、完好,没有随意改动;	10		

续上表

考评内容	考评要点		分值	考评评价	得分
六、装备设施115分	1. 车辆管理	④按照《汽车维护、检测、诊断技术规范》(GB/T 18344—2001)要求,实施一级、二级维护与检测,确保客运车辆技术状况良好,特种车型应满足相关要求;	10★★★		
		⑤营运车辆符合国家标准规定的使用年限或营运公里数;	5★★★		
		⑥严格执行车辆的强制报废制度,加强临近报废车辆的技术监管,及时处理临近报废车辆的安全隐患。	10		
	2. 车站设施	①车站设施符合《城市公共汽电车客运服务》GB/T 22484—2008 中的要求。	15		
	3. 安全设施	①车辆按照国家相关法律法规规定配备安全锤、三角木、警示牌、防滑链等安全设备,按相关规定配足有效的灭火器,放置合理;	10★★★		
		②公司有专人负责安全设施及器材的管理,且管理规范;	10		
		③设有覆盖安全重点部位视频监控设备,并保持实时监控。	10		
	4. 特种设备	①应按照《特种设备安全监察条例》、《特种设备质量监督与安全监察规定》及其特种设备相关的《检验规程》等,对特种设备进行定期检验和维护保养;	10		
		②按规定指定专人对特种设备进行管理;	10		
		③按要求规范建立特种设备台账。	5		

续上表

考评内容	考评要点		分值	考评评价	得分
七、科技创新与信息化85分	1. 科技创新及应用	①使用先进的、安全性能可靠的新技术、新工艺、新设备和新材料，优先选购安全、高效、节能的先进设备；	10		
		②组织开展安全生产科技攻关或课题研究；	5		
		③设有安全生产管理系统或平台；	10		
		④应用现代科技手段，提升安全管理水平。	5		
	2. 信息化	①建立科学的运营组织与调度系统，系统运行稳定可靠；	10		
		②建立监控值班制度，指定专人负责实时监控管理，对车辆实时动态监控，实现行驶安全驾驶监控、车辆行驶地理位置监控、到站监控；	10★		
		③实现车辆维护管理、维修保养期提示、车辆维修记录、审验记录等的信息化；	5		
		④企业信息系统所录入的车辆和驾驶员的基础资料、车辆技术档案信息，记录车辆行驶情况等信息准确、完整；	5		
		⑤配备专职人员负责监控车辆行驶和驾驶员的动态情况，分析处理动态信息；	10		
		⑥按照有关规定及时纠正和处理超速、站外上下客等违法违规行为，记录违法违规驾驶员信息，至少保存3年时间；	10		
		⑦建立动态监控工作台账。	5		

续上表

考评内容	考评要点		分值	考评评价	得分
八、队伍建设90分	1. 培训计划	①制定并实施年度及长期的继续教育培训计划,明确培训内容和年度培训时间。	10		
	2. 宣传教育	①组织开展安全生产的法律、法规和安全生产知识的宣传、教育。	10		
	3. 管理人员	①企业主要负责人和管理人员具备相应安全知识和管理能力,并取得行业主管部门培训合格证;	10★★★		
		②专(兼)职安全管理人员具备专业安全生产管理知识和经验,熟悉各岗位的安全生产业务操作规程,运用专业知识和规章制度开展安全生产管理工作,并保持安全生产管理人员的相对稳定。	15		
	4. 从业人员培训	①从业人员每年接受再培训,提高从业人员的素质和能力,再培训时间不得少于有关规定学时。未经安全生产培训合格的从业人员,不得上岗作业;	10★★		
		②转岗人员及时进行岗前培训;	10		
		③新技术、新设备投入使用前,对管理和操作人员进行专项培训。	10		
	5. 规范档案	①建立健全安全宣传教育培训考评档案,详细、准确记录培训考评情况;	5		
		②对培训效果进行评审,改进提高培训质量。	10		

续上表

考评内容	考评要点		分值	考评评价	得分
九、作业管理125分	1. 现场作业管理	①严格执行操作规程和安全生产作业规定，严禁违章指挥、违章操作、违反劳动纪律；	10		
		②按计划发车，遇突发事件和恶劣天气，启动应急调度预案。及时掌握极端天气及路况信息，提示驾驶员谨慎驾驶；	15		
		③按规定的线路和站点行车，未经批准不得越站甩客、站外上下客、改道行驶；	10		
		④定期上路对营运的车辆进行安全稽查。	10		
	2. 安全值班	①制定并落实安全生产值班计划和值班制度，重要时期实行领导到岗带班，有值班记录。	5		
	3. 相关方管理	①两个或两个以上单位共用同一设施设备进行生产经营的现场安全生产管理职责明确，并落实到位。	5		
	4. 驾驶员管理	①驾驶员取得相应车型要求的有效《机动车驾驶证》，并经培训合格，年龄不超过60周岁；	10★★★		
		②制定并落实驾驶员行车安全档案管理制度，实行一人一档。	10		
	5. 营运车辆管理	①制定并落实车辆技术管理制度，落实专人负责车辆技术管理，按国家规定的技术规范对车辆进行定期维护保养；	10★★		

续上表

考评内容	考评要点		分值	考评评价	得分
九、作业管理125分	5. 营运车辆管理	②每日出车前应按相关规定进行车辆例行检查,确认车辆性能完好,符合营运安全要求;	15★★		
		③维护、维修作业须在交通运输管理部门认定的汽车维修企业进行;	5		
		④建立并妥善保管车辆技术档案,一车一档,记载及时、完整、准确、规范。	10★★		
	6. 警示标志	①在存在一定危险因素的作业场所和设备设施,设置明显的安全警示标志,警示、告知危险种类、后果及应急措施;相关场所按交通法律要求设置交通安全标志。	10		
十、危险源辨识与风险控制45分	1. 危险源辨识	①开展本单位危险设施或场所危险源的辨识和确定工作;	10		
		②辨识重大危险源,采取有效防护措施,按规定报有关部门备案。	15★★		
	2. 风险控制	①及时对作业活动和设备设施进行危险、有害因素识别;	10		
		②向从业人员如实告知作业场所和工作岗位存在的危险因素、防范措施以及事故应急措施;	5		
		③对危险源进行建档,重大危险源单独建档管理。	5		

续上表

考评内容	考评要点		分值	考评评价	得分
十一、隐患排查与治理70分	1. 隐患排查	①制定隐患排查工作方案,明确排查的目的、范围,选择合适的排查方法;	10		
		②每月至少开展一次安全自查自纠工作,及时发现安全管理缺陷和漏洞,消除安全隐患。检查及处理情况应当记录在案;	15★★★		
		③对各种安全检查所查出的隐患进行原因分析,制定针对性控制对策。	10		
	2. 隐患治理	①制定隐患治理方案,包括目标和任务、方法和措施、经费和物资、机构和人员、时限和要求;	5		
		②对上级检查指出或自我检查发现的一般安全隐患,严格落实防范和整改措施,并组织整改到位;	5		
		③重大安全隐患报相关部门备案,做到整改措施、责任、资金、时限和预案"五到位";	10★★		
		④建立隐患治理台账和档案,有相关的记录;	5		
		⑤按规定对隐患排查和治理情况进行统计分析,并向有关部门报送。	10		
十二、职业健康25分	1. 健康管理	①设置或指定职业健康管理机构,配备专(兼)职管理人员;	5		
		②按规定对员工进行职业健康检查。	5		

续上表

考评内容	考评要点		分值	考评评价	得分
十二、职业健康25分	2. 工伤保险	①为驾驶员投保工伤保险。	5		
	3. 危害告知	①对从业人员进行职业健康宣传培训。使其了解其作业场所和工作岗位存在的危险因素和职业危害、防范措施和应急处理措施。	5		
	4. 环境与条件	①为从业人员提供符合职业健康要求的工作环境和条件,配备与职业健康保护相适应的设施、工具。	5		
十三、安全文化35分	1. 安全环境	①设立安全文化廊、安全角、黑板报、宣传栏等员工安全文化阵地,每月至少更换一次内容;	5		
		②公开安全生产举报电话号码、通信地址或者电子邮件信箱。对接到的安全生产举报和投诉及时予以调查和处理。	5		
	2. 安全行为	①开展安全承诺活动;	5★		
		②编制旅客运输安全知识手册,并发放到职工;	5		
		③组织开展安全生产月活动、安全生产竞赛活动,有方案、有总结;	5		
		④对在安全工作中做出显著成绩的集体、个人给予表彰、奖励,并与其经济利益挂钩;	5		
		⑤对安全生产进行检查、评比、考评,总结和交流经验,推广安全生产先进管理方法。	5		

续上表

考评内容	考评要点		分值	考评评价	得分
十四、应急救援85分	1. 预案制定	①制定相应的突发事件应急预案,有相应的应急保障措施;	10★★★		
		②结合实际将应急预案分为综合应急预案、专项应急预案和现场处置方案;	5★★		
		③应急预案与当地政府预案保持衔接,报当地有关部门备案,通报有关协作单位;	5		
		④定期评审应急预案,并根据评审结果或实际情况的变化进行修订和完善。	10		
	2. 预案实施	①开展应急预案的宣传教育,普及生产安全事故预防、避险、自救和互救知识;	5		
		②开展应急预案培训活动,使有关人员了解应急预案内容,熟悉应急职责、应急程序和应急处置方案;	5★★★		
		③发生事故后,及时启动应急预案,组织有关力量进行救援,并按照规定将事故信息及应急预案启动情况报告有关部门。	10		
	3. 应急队伍	①建立与本单位安全生产特点相适应的专兼职应急救援队伍,或指定专兼职应急救援人员;	5		
		②组织应急救援人员日常训练。	5		

续上表

考评内容	考评要点		分值	考评评价	得分
十四、应急救援85分	4. 应急装备	①按照应急预案的要求配备相应的应急物资及装备；	5		
		②建立应急装备使用状况档案，定期进行检测和维护，使其处于良好状态。	5		
	5. 应急演练	①按照有关规定制定应急预案演练计划，并按计划组织开展应急预案演练；	10★★★		
		②应急预案演练结束后，对应急预案演练效果进行评审，撰写应急预案演练评审报告，分析存在的问题，并对应急预案提出修订意见。	5★		
十五、事故报告调查处理50分	1. 事故报告	①发生事故及时进行事故现场处置，按相关规定及时、准确、如实向有关部门报告，没有瞒报、谎报、迟报情况；	10★★★		
		②跟踪事故发展情况，及时续报事故信息，建立事故档案和事故管理台账。	5		
	2. 事故处理	①接到事故报告后，迅速采取有效措施，组织抢救，防止事故扩大，减少人员伤亡和财产损失；	10		
		②发生事故后，按规定成立事故调查组，积极配合各级人民政府组织的事故调查，随时接受事故调查组的询问，如实提供有关情况；	5		
		③按时提交事故调查报告，分析事故原因，落实整改措施；	5		

续上表

考评内容	考评要点		分值	考评评价	得分
十五、事故报告调查处理 50分	2. 事故处理	④发生事故后，及时召开安全生产分析通报会，对事故当事人的聘用、培训、考评、上岗以及安全管理等情况进行责任倒查；	5		
		⑤按“四不放过”原则严肃查处事故，严格追究责任领导和相关责任人。处理结果报有关部门备案。	10★		
十六、绩效考核与持续改进 35分	1. 绩效评定	①每年至少一次对本单位安全生产标准化的实施情况进行评定，对安全生产工作目标、指标的完成情况进行综合考评。	5		
	2. 持续改进	①提出进一步完善安全标准化的计划和措施，对安全生产目标、指标、管理制度、操作规程等进行修改完善。	10		
	3. 安全管理体系建设	①根据企业生产经营实际，建立相应的安全管理体系，规范安全生产管理，形成长效机制。	20★		

考评员(签名)：　　　　　　　　　　　　　　年　月　日

二、城市轨道交通运输企业安全生产达标考评指标

考评内容	考评要点		分值	考评评价	得分
一、安全目标35分	1.安全工作方针与目标	①制定企业安全生产方针、目标和不低于上级下达的安全控制指标；	5★★		
		②制定实现安全工作方针与目标的措施。	5		
	2.中长期规划	①制定和实施企业安全生产中长期规划和跨年度专项工作方案。	5★		
	3.年度计划	①根据中长期规划，制定年度计划和年度专项活动方案，并严格执行。	5		
	4.目标考核	①将安全生产管理指标进行细化和分解，制定阶段性的安全生产控制指标；	5		
		②制定安全生产目标考核与奖惩办法；	5		
		③定期考核年度安全生产目标完成情况，并奖惩兑现。	5		
二、管理机构和人员40分	1.安全管理机构	①成立安全生产委员会(或领导小组)，下属各分支机构分别成立相应的领导机构。安委会职责明确，实行主要领导负责制；	10★		
		②按规定设置与企业规模相适应且独立的安全生产管理机构；	15★★		
		③定期召开安全生产委员会会议。安全生产管理机构和下属各分支机构每月至少召开一次安全工作例会。	5		

续上表

考评内容	考评要点		分值	考评评价	得分
二、管理机构和人员40分	2. 管理人员配备	①按规定足额配备专职安全生产和应急管理人员。	10★★		
三、安全责任体系45分	1. 健全责任制	①企业主要负责人、分管领导、全体员工安全职责明确,制定并落实安全生产责任制,层层签订安全生产责任书,并落实到位;	10★★		
		②主要负责人或实际控制人是安全生产第一责任人,按照安全生产法律法规赋予的职责,对安全生产负全面组织领导、管理责任和法律责任,并履行安全生产的责任和义务;	5★		
		③分管安全生产的负责人是安全生产的重要负责人,统筹协调和综合管理企业的安全生产工作,对安全生产负重要管理责任;	5		
		④其他负责人和全体员工实行"一岗双责",对业务范围内的安全生产工作负责;	5		
		⑤安全生产管理机构、各职能部门、生产基层单位的安全职责明确并落实到位。	10		
	2. 责任制考评	①根据安全生产责任进行定期考核和奖惩,公告考评和奖惩情况。	10★		

续上表

<table>
<tr><th>考评内容</th><th colspan="2">考 评 要 点</th><th>分值</th><th>考评评价</th><th>得分</th></tr>
<tr><td rowspan="9">四、法规和安全管理制度
70分</td><td>1. 资质</td><td>①按规定取得相关经营资质。</td><td>5★★</td><td></td><td></td></tr>
<tr><td rowspan="4">2. 法规</td><td>①及时识别、获取适用的安全生产法律法规、标准规范；</td><td>5</td><td></td><td></td></tr>
<tr><td>②将法规标准和相关要求及时转化为本单位的规章制度，贯彻到各项工作中；</td><td>5</td><td></td><td></td></tr>
<tr><td>③执行并落实安全生产法律法规、标准规范；</td><td>5</td><td></td><td></td></tr>
<tr><td>④将适用的安全生产法律、法规、标准及其他要求及时对从业人员进行宣传和培训。</td><td>5</td><td></td><td></td></tr>
<tr><td rowspan="2">3. 安全管理制度</td><td>①制定并及时修订安全生产管理制度，包括：1）安全生产责任制；2）安全例会制度；3）文件和档案管理制度；4）安全生产费用提取和使用管理制度；5）设施、设备、货物安全管理制度；6）安全生产培训和教育学习制度；7）安全生产监督检查制度；8）事故统计报告制度；9）安全生产奖惩制度；</td><td>10</td><td></td><td></td></tr>
<tr><td>②对从业人员进行安全管理制度的学习和培训。</td><td>5</td><td></td><td></td></tr>
<tr><td rowspan="2">4. 岗位安全生产操作规程</td><td>①制定并及时修订各岗位的安全生产操作规程，并发放到岗位（职工）；</td><td>10★★</td><td></td><td></td></tr>
<tr><td>②对从业人员进行安全操作规程的学习和培训；从业人员严格执行本单位的安全操作规程。</td><td>5</td><td></td><td></td></tr>
</table>

续上表

考评内容	考评要点		分值	考评评价	得分
四、法规和安全管理制度70分	5. 制度执行及档案管理	①执行国家有关安全生产方针、政策、法规及本单位的安全管理制度和操作规程,依据行业特点,制定企业安全生产管理措施;	5		
		②每年至少一次对安全生产法律法规、标准规范、规章制度、操作规程的执行情况进行检查;	5		
		③建立和完善各类台账和档案,并按要求及时报送有关资料和信息。	5★★		
五、安全投入50分	1. 资金投入	①按规定足额提取安全生产费用;	10★★		
		②安全生产经费专款专用,保证安全生产投入的有效实施;	15★		
		③及时投入满足安全生产条件的所需资金。	10		
	2. 费用管理	①跟踪、监督安全生产专项经费使用情况;	10		
		②建立安全费用使用台账。	5		
六、装备设施130分	1. 车辆	①车辆应在使用年限内;	5		
		②驾驶员台应设置紧急停车操纵装置和警惕按钮;	5		
		③车厢内应设置乘客紧急按钮或与驾驶员紧急对讲装置、应急照明灯、应急装备。	5		

续上表

考评内容	考评要点		分值	考评评价	得分
六、装备设施130分	2. 车站设施	①车站设施符合相关规范要求。	15		
	3. 安全设施	①车辆、车站按照国家相关法律法规规定配备安全锤、警示牌等安全设备，按相关规定配足有效的消防设施及器材，放置合理；	10★		
		②公司有专人负责安全设施及器材的管理，且管理规范；	5		
		③设有覆盖安全重点部位视频监控设备，并保持实时监控。	10		
	4. 供电设备	①主变电站设备、牵引变电站设备、降压变电站设备、接触网、电缆、应在使用年限内；	5		
		②变电站周围建筑应设置避雷设施，并每年进行检测。	5		
	5. 线路	①建立线路巡查检修制度；	10		
		②轨道检测车、钢轨打磨车等维修设备应有质检合格证。	5		
	6. 机电设备	①自动扶梯、电梯与自动人行道设备应有验收检验报告和《安全检验合格》标志；	10		
		②屏蔽门应设有明显的安全标志、使用标志和应急情况操作指示；	10		
		③地铁进、排风亭口部距其他任何建筑物的直线距离≥5m，当风亭高于路边时，风亭开口底距地面的高度≥2m。	10		

续上表

考评内容	考评要点		分值	考评评价	得分
六、装备设施130分	7. 特种设备	①应按照《特种设备安全监察条例》、《特种设备质量监督与安全监察规定》及其特种设备相关的《检验规程》等，对特种设备进行定期检验和维护保养；	10		
		②按规定指定专人对特种设备进行管理；	5		
		③按要求规范建立特种设备台账。	5		
七、科技创新与信息化80分	1. 科技创新及应用	①使用先进的、安全性能可靠的新技术、新工艺、新设备和新材料，优先选购安全、高效、节能的先进设备；	5		
		②组织开展安全生产科技攻关或课题研究；	5		
		③设有安全生产管理系统或平台；	10		
		④应用现代科技手段，提升安全管理水平。	5		
	2. 科技信息化	①建立科学的运营组织与调度系统，系统运行稳定可靠；	10★		
		②建立监控值班制度，指定专人负责实时实施监控管理，对车辆实时动态监控，实现行驶安全驾驶监控、车辆行驶位置监控、到站监控；	10★		
		③实现车辆维护管理、维修保养期提示、车辆维修记录、审验记录等的信息化；	5		

续上表

考评内容	考评要点		分值	考评评价	得分
七、科技创新与信息化80分	2. 科技信息化	④企业信息系统所录入的车辆和驾驶员的基础资料、车辆技术档案信息，记录车辆行驶情况等信息准确、完整；	5		
		⑤配备专职人员负责监控车辆行驶和驾驶员的动态情况，分析处理动态信息；	10★		
		⑥按照有关规定及时纠正和处理超标停车、疲劳驾驶等违章行为，对违章驾驶员信息留存在案，至少保存3年时间；	10		
		⑦建立动态监控工作台账。	5		
八、队伍建设90分	1. 培训计划	①制定并实施年度及长期的继续教育培训计划，明确培训内容和年度培训时间。	10		
	2. 宣传教育	①组织开展安全生产的法律、法规和安全生产知识的宣传、教育。	10		
	3. 管理人员	①企业主要负责人和管理人员具备相应安全知识和管理能力，并取得行业主管部门培训合格证；	10★★		
		②专(兼)职安全管理人员具备专业安全生产管理知识和经验，熟悉各岗位的安全生产业务操作规程，运用专业知识和规章制度开展安全生产管理工作，并保持安全生产管理人员的相对稳定。	15		

续上表

考评内容	考评要点		分值	考评评价	得分
八、队伍建设90分	4. 从业人员培训	①从业人员每年接受再培训,提高从业人员的素质和能力,再培训时间不得少于有关规定学时。未经安全生产培训合格的从业人员,不得上岗作业;	10★		
		②转岗人员及时进行岗前培训;	10		
		③新技术、新设备投入使用前,对管理和操作人员进行专项培训。	10		
	5. 规范档案	①建立健全安全宣传教育培训考评档案,详细、准确记录培训考评情况;	5		
		②对培训效果进行评审,改进提高培训质量。	10		
九、作业管理115分	1. 现场作业管理	①严格执行操作规程和安全生产作业规定,严禁违章指挥、违章操作、违反劳动纪律;	10		
		②严格按计划发车,遇突发事件迅速启动应急调度预案;	10		
		③制定并落实车辆技术管理制度,落实专人负责车辆技术管理,按国家规定的技术规范对车辆进行定期维护保养。	15★		
	2. 安全值班	①制定并落实安全生产值班计划和值班制度,重要时期实行领导到岗带班,有值班记录。	10		

续上表

考评内容	考评要点		分值	考评评价	得分
九、作业管理115分	3. 相关方管理	①明确外委单位的安全生产管理职责；	5		
		②对外发包或出租生产经营项目、场所、设备，对承包承租方进行资质审查；	5		
		③与外来施工（作业）方签订安全协议，明确双方各自的安全责任；	10		
		④对短期合同工、临时用工、实习人员、外来参观人员等进入作业现场有相应的安全管理制度和措施。	10		
	4. 从业人员管理	①制定并落实驾驶员、列车检修人员、线路检修员、特种设备检修人员安全管理制度；	5		
		②严格审查列车驾驶员、列车检修人员、线路检修员、特种设备检修人员的驾驶证件、从业资格和驾驶经历，符合条件的签订聘用合同；	15		
		③制定并落实驾驶员行车安全档案管理制度，实行一人一档。	5		
		④制定并落实列车检修人员、线路检修员、特种设备检修人员安全档案记录管理制度，实行一人一档。	5		
	5. 警示标志	①在存在一定危险因素的作业场所和设备设施，设置明显的安全警示标志，相关场所按交通法律要求设置交通安全标志。	10		

续上表

考评内容	考评要点		分值	考评评价	得分
十、危险源辨识与风险控制45分	1. 危险源辨识	①开展本单位危险设施或场所危险源的辨识和确定工作；	10		
		②辨识重大危险源，采取有效防护措施，按规定报有关部门备案。	15★		
	2. 风险控制	①及时对作业活动和设备设施进行危险、有害因素识别；	10		
		②向从业人员如实告知作业场所和工作岗位存在的危险因素、防范措施以及事故应急措施；	5		
		③对危险源进行建档，重大危险源单独建档管理。	5		
十一、隐患排查与治理70分	1. 隐患排查	①制定隐患排查工作方案，明确排查的目的、范围，选择合适的排查方法；	10		
		②每月至少开展一次安全自查自纠工作，及时发现安全管理缺陷和漏洞，消除安全隐患。检查及处理情况应当记录在案；	15★★		
		③对各种安全检查所查出的隐患进行原因分析，制定针对性控制对策。	10		

续上表

<table>
<tr><th>考评内容</th><th colspan="2">考 评 要 点</th><th>分值</th><th>考评评价</th><th>得分</th></tr>
<tr><td rowspan="5">十一、隐患排查与治理70分</td><td rowspan="5">2. 隐患治理</td><td>①制定隐患治理方案,包括目标和任务、方法和措施、经费和物资、机构和人员、时限和要求;</td><td>5</td><td></td><td></td></tr>
<tr><td>②对上级检查指出或自我检查发现的一般安全隐患,严格落实防范和整改措施,并组织整改到位;</td><td>5</td><td></td><td></td></tr>
<tr><td>③重大安全隐患报相关部门备案,做到整改措施、责任、资金、时限和预案“五到位”;</td><td>10★</td><td></td><td></td></tr>
<tr><td>④建立隐患治理台账和档案,有相关的记录;</td><td>5</td><td></td><td></td></tr>
<tr><td>⑤按规定对隐患排查和治理情况进行统计分析,并向有关部门报送。</td><td>10</td><td></td><td></td></tr>
<tr><td rowspan="5">十二、职业健康25分</td><td rowspan="2">1. 健康管理</td><td>①设置或指定职业健康管理机构,配备专(兼)职管理人员;</td><td>5</td><td></td><td></td></tr>
<tr><td>②按规定对员工进行职业健康检查。</td><td>5</td><td></td><td></td></tr>
<tr><td>2. 工伤保险</td><td>①为驾驶员投保工伤保险。</td><td>5</td><td></td><td></td></tr>
<tr><td>3. 危害告知</td><td>①对从业人员进行职业健康宣传培训,使其了解其作业场所和工作岗位存在的危险因素和职业危害、防范措施和应急处理措施。</td><td>5</td><td></td><td></td></tr>
<tr><td>4. 环境与条件</td><td>①为从业人员提供符合职业健康要求的工作环境和条件,配备与职业健康保护相适应的设施、工具。</td><td>5</td><td></td><td></td></tr>
</table>

续上表

考评内容	考评要点		分值	考评评价	得分
十三、安全文化35分	1. 安全环境	①设立安全文化廊、安全角、黑板报、宣传栏等员工安全文化阵地,每月至少更换一次内容;	5		
		②公开安全生产举报电话号码、通信地址或者电子邮件信箱。对接到的安全生产举报和投诉及时予以调查和处理。	5		
	2. 安全行为	①开展安全承诺活动;	5★		
		②编制旅客运输安全知识手册,并发放到职工;	5		
		③组织开展安全生产月活动、安全生产竞赛活动,有方案、有总结;	5		
		④对在安全工作中做出显著成绩的集体、个人给予表彰、奖励,并与其经济利益挂钩;	5		
		⑤对安全生产进行检查、评比、考评,总结和交流经验,推广安全生产先进管理方法。	5		
十四、应急救援85分	1. 预案制定	①制定相应的突发事件应急预案,有相应的应急保障措施;	10★★		
		②结合实际将应急预案分为综合应急预案、专项应急预案和现场处置方案;	5★		
		③应急预案与当地政府预案保持衔接,报当地有关部门备案,通报有关协作单位;	5		
		④定期评审应急预案,并根据评审结果或实际情况的变化进行修订和完善。	10		

续上表

考评内容	考评要点		分值	考评评价	得分
十四、应急救援85分	2. 预案实施	①开展应急预案的宣传教育,普及生产安全事故预防、避险、自救和互救知识;	5		
		②开展应急预案培训活动,使有关人员了解应急预案内容,熟悉应急职责、应急程序和应急处置方案;	5★★		
		③发生事故后,及时启动应急预案,组织有关力量进行救援,并按照规定将事故信息及应急预案启动情况报告有关部门。	10		
	3. 应急队伍	①建立与本单位安全生产特点相适应的专兼职应急救援队伍,或指定专兼职应急救援人员;	5		
		②组织应急救援人员日常训练。	5		
	4. 应急装备	①按照应急预案的要求配备相应的应急物资及装备;	5		
		②建立应急装备使用状况档案,定期进行检测和维护,使其处于良好状态。	5		
	5. 应急演练	①按照有关规定制定应急预案演练计划,并按计划组织开展应急预案演练;	10★★		
		②应急预案演练结束后,对应急预案演练效果进行评审,撰写应急预案演练评审报告,分析存在的问题,并对应急预案提出修订意见。	5★		

续上表

考评内容	考评要点		分值	考评评价	得分
十五、事故报告调查处理 50分	1. 事故报告	①发生事故及时进行事故现场处置,按相关规定及时、准确、如实向有关部门报告,没有瞒报、谎报、迟报情况;	10★★		
		②跟踪事故发展情况,及时续报事故信息,建立事故档案和事故管理台账。	5		
	2. 事故处理	①接到事故报告后,迅速采取有效措施,组织抢救,防止事故扩大,减少人员伤亡和财产损失;	10		
		②发生事故后,按规定成立事故调查组,积极配合各级人民政府组织的事故调查,随时接受事故调查组的询问,如实提供有关情况;	5		
		③按时提交事故调查报告,分析事故原因,落实整改措施;	5		
		④发生事故后,及时召开安全生产分析通报会,对事故当事人的聘用、培训、考评、上岗以及安全管理等情况进行责任倒查;	5		
		⑤按"四不放过"原则严肃查处事故,严格追究责任领导和相关责任人。处理结果报有关部门备案。	10★		

续上表

<table>
<tr><th>考评内容</th><th colspan="2">考 评 要 点</th><th>分值</th><th>考评评价</th><th>得分</th></tr>
<tr><td rowspan="3">十 六、绩效考核与持续改进35分</td><td>1. 绩效评定</td><td>①每年至少一次对本单位安全生产标准化的实施情况进行评定，对安全生产工作目标、指标的完成情况进行综合考评。</td><td>5</td><td></td><td></td></tr>
<tr><td>2. 持续改进</td><td>①提出进一步完善安全标准化的计划和措施，对安全生产目标、指标、管理制度、操作规程等进行修改完善。</td><td>10</td><td></td><td></td></tr>
<tr><td>3. 安全管理体系建设</td><td>①根据企业生产经营实际，建立相应的安全管理体系，规范安全生产管理，形成长效机制。</td><td>20★</td><td></td><td></td></tr>
</table>

考评员(签名)：　　　　　　　　　　　　　　　　　　年　月　日

三、出租汽车企业安全生产达标考评指标

考评内容	考评要点		分值	考评评价	得分
一、安全目标 35分	1. 安全工作方针与目标	①制定企业安全生产方针、目标和不低于上级下达的安全控制指标；	5★★★		
		②制定实现安全工作方针与目标的措施。	5		
	2. 中长期规划	①制定和实施企业安全生产中长期规划和跨年度专项工作方案。	5★★		
	3. 年度计划	①根据中长期规划，制定年度计划和年度专项活动方案，并严格执行。	5		
	4. 目标考核	①将安全生产管理指标进行细化和分解，制定阶段性的安全生产控制指标；	5		
		②制定安全生产目标考核与奖惩办法；	5		
		③定期考核年度安全生产目标完成情况，并奖惩兑现。	5		
二、管理机构和人员 40分	1. 安全管理机构	①成立安全生产委员会（或领导小组），下属各分支机构分别成立相应的领导机构。安委会职责明确，实行主要领导负责制；	10★★		
		②按规定设置与企业规模相适应的安全生产管理机构；	15★★★		
		③定期召开安全生产委员会会议。安全生产管理机构和下属各分支机构每月至少召开一次安全工作例会。	5		

续上表

考评内容	考评要点		分值	考评评价	得分
二、管理机构和人员40分	2. 管理人员配备	①按规定足额配备专职安全生产和应急管理人员。	10★★★		
三、安全责任体系45分	1. 健全责任制	①企业主要负责人、分管领导、全体员工安全职责明确,制定并落实安全生产责任制,层层签订安全生产责任书,并落实到位;	10★★★		
		②主要负责人或实际控制人是安全生产第一责任人,按照安全生产法律法规赋予的职责,对安全生产负全面组织领导、管理责任和法律责任,并履行安全生产的责任和义务;	5★★		
		③分管安全生产的负责人是安全生产的重要负责人,统筹协调和综合管理企业的安全生产工作,对安全生产负重要管理责任;	5		
		④其他负责人和全体员工实行“一岗双责”,对业务范围内的安全生产工作负责;	5		
		⑤安全生产管理机构、各职能部门、生产基层单位的安全职责明确并落实到位。	10		
	2. 责任制考评	①根据安全生产责任进行定期考核和奖惩,公告考评和奖惩情况。	10★★		

续上表

<table>
<tr><th>考评内容</th><th colspan="2">考 评 要 点</th><th>分值</th><th>考评评价</th><th>得分</th></tr>
<tr><td rowspan="10">四、法规和安全管理制度
70 分</td><td>1. 资质</td><td>①《道路运输经营许可证》、《企业法人营业执照》合法有效，经营范围符合要求。</td><td>5★★★</td><td></td><td></td></tr>
<tr><td rowspan="4">2. 法规</td><td>①及时识别、获取适用的安全生产法律法规、标准规范；</td><td>5</td><td></td><td></td></tr>
<tr><td>②将法规标准和相关要求及时转化为本单位的规章制度，贯彻到各项工作中；</td><td>5</td><td></td><td></td></tr>
<tr><td>③执行并落实安全生产法律法规、标准规范；</td><td>5</td><td></td><td></td></tr>
<tr><td>④将适用的安全生产法律、法规、标准及其他要求及时对从业人员进行宣传和培训。</td><td>5</td><td></td><td></td></tr>
<tr><td rowspan="2">3. 安全管理制度</td><td>①制定并及时修订安全生产管理制度，包括：1）安全生产责任制；2）安全例会制度；3）文件和档案管理制度；4）安全生产费用提取和使用管理制度；5）设施、设备、货物安全管理制度；6）安全生产培训和教育学习制度；7）安全生产监督检查制度；8）事故统计报告制度；9）安全生产奖惩制度；</td><td>10</td><td></td><td></td></tr>
<tr><td>②对从业人员进行安全管理制度的学习和培训。</td><td>5</td><td></td><td></td></tr>
<tr><td rowspan="2">4. 岗位安全生产操作规程</td><td>①制定并及时修订各岗位的安全生产操作规程，并发放到岗位（职工）；</td><td>10★★★</td><td></td><td></td></tr>
<tr><td>②对从业人员进行安全操作规程的学习和培训；从业人员严格执行本单位的安全操作规程。</td><td>5</td><td></td><td></td></tr>
</table>

续上表

考评内容	考评要点		分值	考评评价	得分
四、法规和安全管理制度70分	5. 制度执行及档案管理	①执行国家有关安全生产方针、政策、法规及本单位的安全管理制度和操作规程，依据行业特点，制定企业安全生产管理措施；	5		
		②每年至少一次对安全生产法律法规、标准规范、规章制度、操作规程的执行情况进行检查；	5		
		③建立和完善各类台账和档案，并按要求及时报送有关资料和信息。	5★★★		
五、安全投入50分	1. 资金投入	①按规定足额提取安全生产费用；	10★★★		
		②安全生产经费专款专用，保证安全生产投入的有效实施；	15★★		
		③及时投入满足安全生产条件的所需资金；	10		
		④为旅客投保承运人责任险。	5★★★		
	2. 费用管理	①跟踪、监督安全生产专项经费使用情况；	5		
		②建立安全费用使用台账。	5		
六、装备设施90分	1. 车辆管理	①车辆持有效的《机动车行驶证》、《出租汽车车辆营运证》等，符合国家标准规定的使用年限或运营公里数，有技术档案，实行一车一档；	10★★★		
		②车辆安全性能符合相关要求；	10		

续上表

考评内容	考评要点		分值	考评评价	得分
六、装备设施90分	1. 车辆管理	③安全生产设施设备齐全、完好，没有随意改动；	10		
		④车辆技术等级达到行业标准规定的技术等级，按规定做好车辆维护保养，车辆技术状良好；	15★★★		
		⑤严格执行车辆的强制报废制度，加强临近报废车辆的技术监管，及时处理临近报废车辆的安全隐患。	10		
	2. 场地设施	①有符合规定要求的经营场所和停车场地。	10		
	3. 安全设施	①车辆按照国家相关法律法规规定配备三角木、警示牌、防滑链等安全设备，按相关规定配足有效的灭火器；	15★★★		
		②公司有专人负责安全设施及器材的管理，且管理规范；	5		
		③车辆应当装置防劫安全设施和视频监控设施。	5		
七、科技创新与信息化90分	1. 科技创新及应用	①使用先进的、安全性能可靠的新技术、新工艺、新设备和新材料，优先选购安全、高效、节能的先进设备；	10		
		②组织开展安全生产科技攻关或课题研究；	5		
		③设有安全生产管理系统或平台；	10		
		④应用现代科技手段，提升安全管理水平。	5		

续上表

考评内容	考评要点		分值	考评评价	得分
七、科技创新与信息化90分	2.科技信息化	①建立科学的运营组织与调度系统，系统运行稳定可靠；	10		
		②建立监控值班制度，指定专人负责实时监控管理，对车辆实时动态监控，实现行驶安全驾驶监控、车辆行驶地理位置监控；	15★		
		③实现车辆维护管理、维修保养期提示、车辆维修记录、审验记录等的信息化；	5		
		④企业信息系统所录入的车辆和驾驶员的基础资料、车辆技术档案信息，记录车辆行驶情况等信息准确、完整；	5		
		⑤配备专职人员负责监控车辆行驶和驾驶员的动态情况，分析处理动态信息；	10		
		⑥按照有关规定及时纠正和处理超速、站外上下客等违法违规行为，记录违法违规驾驶员信息，至少保存3年时间；	10		
		⑦建立动态监控工作台账。	5		
八、队伍建设90分	1.培训计划	①制定并实施年度及长期的继续教育培训计划，明确培训内容和年度培训时间。	10		
	2.宣传教育	①组织开展安全生产的法律、法规和安全生产知识的宣传、教育。	10		

续上表

考评内容	考评要点		分值	考评评价	得分
八、队伍建设90分	3. 管理人员	①企业主要负责人和管理人员具备相应安全知识和管理能力，并取得行业主管部门培训合格证；	10★★★		
		②专（兼）职安全管理人员具备专业安全生产管理知识和经验，熟悉各岗位的安全生产业务操作规程，运用专业知识和规章制度开展安全生产管理工作，并保持安全生产管理人员的相对稳定。	15		
	4. 从业人员培训	①从业人员每年接受再培训，提高从业人员的素质和能力，再培训时间不得少于有关规定学时。未经安全生产培训合格的从业人员，不得上岗作业；	10★★		
		②转岗人员及时进行岗前培训；	10		
		③新技术、新设备投入使用前，对管理和操作人员进行专项培训。	10		
	5. 规范档案	①建立健全安全宣传教育培训考评档案，详细、准确记录培训考评情况；	5		
		②对培训效果进行评审，改进提高培训质量。	10		

续上表

<table>
<tr><th>考评内容</th><th colspan="2">考评要点</th><th>分值</th><th>考评评价</th><th>得分</th></tr>
<tr><td rowspan="12">九、作业管理145分</td><td rowspan="3">1. 现场作业管理</td><td>①严格执行操作规程和安全生产作业规定,严禁违章指挥、违章操作、违反劳动纪律;</td><td>10</td><td></td><td></td></tr>
<tr><td>②掌握极端天气及路况信息,及时提示驾驶员谨慎驾驶,遇突发事件和恶劣天气,启动应急调度预案;</td><td>10</td><td></td><td></td></tr>
<tr><td>③告知乘客安全乘车须知,督促、提醒乘客采取佩戴安全带等安全防护措施。</td><td>10★★</td><td></td><td></td></tr>
<tr><td>2. 安全值班</td><td>①制定并落实安全生产值班计划和值班制度,重要时期实行领导带班,有值班记录。</td><td>5</td><td></td><td></td></tr>
<tr><td>3. 相关方管理</td><td>①两个或两个以上单位共用同一设施设备进行生产经营的现场安全生产管理职责明确,并落实到位。</td><td>5</td><td></td><td></td></tr>
<tr><td rowspan="5">4. 驾驶员管理</td><td>①驾驶员资质满足相关要求,经培训合格,取得有效的《机动车驾驶证》、《出租汽车驾驶员资格证》等,年龄不超过60周岁;</td><td>10★★★</td><td></td><td></td></tr>
<tr><td>②制定并落实驾驶员行车安全档案管理制度,实行一人一档;</td><td>10</td><td></td><td></td></tr>
<tr><td>③严格审查驾驶员的驾驶证件、从业资格和驾驶经历;</td><td>10</td><td></td><td></td></tr>
<tr><td>④出租汽车没有交给无客运资格证件的人员驾驶或者移作他用;</td><td>10</td><td></td><td></td></tr>
<tr><td>⑤按照合理路线或者乘客要求的路线行驶,遵守交通规则。</td><td>10</td><td></td><td></td></tr>
</table>

续上表

考评内容	考评要点		分值	考评评价	得分
九、作业管理145分	5. 营运车辆管理	①制定并落实车辆技术管理制度,落实专人负责车辆技术管理,按国家规定的技术规范对车辆进行定期维护保养;	10		
		②落实专人负责车辆安全工作,对车辆定期进行安全检查;	10		
		③每日出车前应按相关规定进行车辆例行检查,确认车辆性能完好,符合营运安全要求;	10★★		
		④维护、维修作业须在交通运输管理部门认定的汽车维修企业进行;	5		
		⑤建立并妥善保管车辆技术档案,一车一档,记载及时、完整、准确、规范。	10		
	6. 警示标志	①在存在一定危险因素的作业场所和设备设施,设置明显的安全警示标志,相关场所按交通法律要求设置交通安全标志。	10		
十、危险源辨识与风险控制45分	1. 危险源辨识	①开展本单位危险设施或场所危险源的辨识和确定工作;	10		
		②辨识重大危险源,采取有效防护措施,按规定报有关部门备案。	15★★		

续上表

考评内容	考评要点		分值	考评评价	得分
十、危险源辨识与风险控制45分	2. 风险控制	①及时对作业活动和设备设施进行危险、有害因素识别；	10		
		②向从业人员如实告知作业场所和工作岗位存在的危险因素、防范措施以及事故应急措施；	5		
		③对危险源进行建档，重大危险源单独建档管理。	5		
十一、隐患排查与治理70分	1. 隐患排查	①制定隐患排查工作方案，明确排查的目的、范围，选择合适的排查方法；	10		
		②每月至少开展一次安全自查自纠工作，及时发现安全管理缺陷和漏洞，消除安全隐患。检查及处理情况应当记录在案；	15★★★		
		③对各种安全检查所查出的隐患进行原因分析，制定针对性控制对策。	10		
	2. 隐患治理	①制定隐患治理方案，包括目标和任务、方法和措施、经费和物资、机构和人员、时限和要求；	5		
		②对上级检查指出或自我检查发现的一般安全隐患，严格落实防范和整改措施，并组织整改到位；	5		
		③重大安全隐患报相关部门备案，做到整改措施、责任、资金、时限和预案“五到位”；	10★★		
		④建立隐患治理台账和档案，有相关的记录；	5		
		⑤按规定对隐患排查和治理情况进行统计分析，并向有关部门报送。	10		

续上表

考评内容	考评要点		分值	考评评价	得分
十二、职业健康25分	1. 健康管理	①设置或指定职业健康管理机构,配备专(兼)职管理人员;	5		
		②按规定对员工进行职业健康检查。	5		
	2. 工伤保险	①为驾驶员投保工伤保险。	5		
	3. 危害告知	①对从业人员进行职业健康宣传培训,使其了解其作业场所和工作岗位存在的危险因素和职业危害、防范措施和应急处理措施。	5		
	4. 环境与条件	①为从业人员提供符合职业健康要求的工作环境和条件,配备与职业健康保护相适应的设施、工具。	5		
十三、安全文化35分	1. 安全环境	①设立安全文化廊、安全角、黑板报、宣传栏等员工安全文化阵地,每月至少更换一次内容;	5		
		②公开安全生产举报电话号码、通信地址或者电子邮件信箱。对接到的安全生产举报和投诉及时予以调查和处理。	5		
	2. 安全行为	①开展安全承诺活动;	5★		
		②编制旅客运输安全知识手册,并发放到职工;	5		
		③组织开展安全生产月活动、安全生产竞赛活动,有方案、有总结;	5		

续上表

考评内容	考评要点		分值	考评评价	得分
十三、安全文化35分	2. 安全行为	④对在安全工作中做出显著成绩的集体、个人给予表彰、奖励，并与其经济利益挂钩；	5		
		⑤对安全生产进行检查、评比、考评，总结和交流经验，推广安全生产先进管理方法。	5		
十四、应急救援85分	1. 预案制定	①制定相应的突发事件应急预案，有相应的应急保障措施；	10★★★		
		②结合实际将应急预案分为综合应急预案、专项应急预案和现场处置方案；	5★★		
		③应急预案与当地政府预案保持衔接，报当地有关部门备案，通报有关协作单位；	5		
		④定期评审应急预案，并根据评审结果或实际情况的变化进行修订和完善。	10		
	2. 预案实施	①开展应急预案的宣传教育，普及生产安全事故预防、避险、自救和互救知识；	5		
		②开展应急预案培训活动，使有关人员了解应急预案内容，熟悉应急职责、应急程序和应急处置方案；	5★★★		
		③发生事故后，及时启动应急预案，组织有关力量进行救援，并按照规定将事故信息及应急预案启动情况报告有关部门。	10		

续上表

考评内容	考评要点		分值	考评评价	得分
十四、应急救援85分	3. 应急队伍	①建立与本单位安全生产特点相适应的专兼职应急救援队伍，或指定专兼职应急救援人员；	5		
		②组织应急救援人员日常训练。	5		
	4. 应急装备	①按照应急预案的要求配备相应的应急物资及装备；	5		
		②建立应急装备使用状况档案，定期进行检测和维护，使其处于良好状态。	5		
	5. 应急演练	①按照有关规定制定应急预案演练计划，并按计划组织开展应急预案演练；	10★★★		
		②应急预案演练结束后，对应急预案演练效果进行评审，撰写应急预案演练评审报告，分析存在的问题，并对应急预案提出修订意见。	5★		
十五、事故报告调查处理50分	1. 事故报告	①发生事故及时进行事故现场处置，按相关规定及时、准确、如实向有关部门报告，没有瞒报、谎报、迟报情况；	10★★★		
		②跟踪事故发展情况，及时续报事故信息，建立事故档案和事故管理台账。	5		
	2. 事故处理	①接到事故报告后，迅速采取有效措施，组织抢救，防止事故扩大，减少人员伤亡和财产损失；	10		

续上表

考评内容	考评要点		分值	考评评价	得分
十五、事故报告调查处理50分	2. 事故处理	②发生事故后，按规定成立事故调查组，积极配合各级人民政府组织的事故调查，随时接受事故调查组的询问，如实提供有关情况；	5		
		③按时提交事故调查报告，分析事故原因，落实整改措施；	5		
		④发生事故后，及时召开安全生产分析通报会，对事故当事人的聘用、培训、考评、上岗以及安全管理等情况进行责任倒查；	5		
		⑤按“四不放过”原则严肃查处事故，严格追究责任领导和相关责任人。处理结果报有关部门备案。	10★		
十六、绩效考核与持续改进35分	1. 绩效评定	①每年至少一次对本单位安全生产标准化的实施情况进行评定，对安全生产工作目标、指标的完成情况进行综合考评。	5		
	2. 持续改进	①提出进一步完善安全标准化的计划和措施，对安全生产目标、指标、管理制度、操作规程等进行修改完善。	10		
	3. 安全管理体系建设	①根据企业生产经营实际，建立相应的安全管理体系，规范安全生产管理，形成长效机制。	20★		

考评员(签名)：　　　　年　月　日

四、道路旅客运输企业安全生产达标考评指标

<table>
<tr><th>考评内容</th><th colspan="2">考评要点</th><th>分值</th><th>考评评价</th><th>得分</th></tr>
<tr><td rowspan="7">一、安全目标35分</td><td rowspan="2">1. 安全工作方针与目标</td><td>①制定企业安全生产方针、目标和不低于上级下达的安全控制指标；</td><td>5★★★</td><td></td><td></td></tr>
<tr><td>②制定实现安全工作方针与目标的措施。</td><td>5</td><td></td><td></td></tr>
<tr><td>2. 中长期规划</td><td>①制定和实施企业安全生产中长期规划和跨年度专项工作方案。</td><td>5★★</td><td></td><td></td></tr>
<tr><td>3. 年度计划</td><td>①根据中长期规划，制定年度计划和年度专项活动方案，并严格执行。</td><td>5</td><td></td><td></td></tr>
<tr><td rowspan="3">4. 目标考核</td><td>①将安全生产管理指标进行细化和分解，制定阶段性的安全生产控制指标；</td><td>5</td><td></td><td></td></tr>
<tr><td>②制定安全生产目标考核与奖惩办法；</td><td>5</td><td></td><td></td></tr>
<tr><td>③定期考核年度安全生产目标完成情况，并奖惩兑现。</td><td>5</td><td></td><td></td></tr>
<tr><td rowspan="3">二、管理机构和人员40分</td><td rowspan="3">1. 安全管理机构</td><td>①成立安全生产委员会（或领导小组），下属各分支机构分别成立相应的领导机构。安委会职责明确，实行主要领导负责制；</td><td>10★★</td><td></td><td></td></tr>
<tr><td>②按规定设置与企业规模相适应且独立的安全生产管理机构；</td><td>15★★★</td><td></td><td></td></tr>
<tr><td>③定期召开安全生产委员会会议。安全生产管理机构和下属各分支机构每月至少召开一次安全工作例会。</td><td>5</td><td></td><td></td></tr>
</table>

续上表

考评内容	考评要点		分值	考评评价	得分
二、管理机构和人员40分	2. 管理人员配备	①按规定足额配备专职安全生产和应急管理人员。	10★★★		
三、安全责任体系45分	1. 健全责任制	①企业主要负责人、分管领导、全体员工安全职责明确，制定并落实安全生产责任制，层层签订安全生产责任书，并落实到位；	10★★★		
		②主要负责人或实际控制人是安全生产第一责任人，按照安全生产法律法规赋予的职责，对安全生产负全面组织领导、管理责任和法律责任，并履行安全生产的责任和义务；	5★★		
		③分管安全生产的负责人是安全生产的重要负责人，统筹协调和综合管理企业的安全生产工作，对安全生产负重要管理责任；	5		
		④其他负责人和全体员工实行“一岗双责”，对业务范围内的安全生产工作负责；	5		
		⑤安全生产管理机构、各职能部门、生产基层单位的安全职责明确并落实到位。	10		
	2. 责任制考评	①根据安全生产责任进行定期考核和奖惩，公告考评和奖惩情况。	10★★		

续上表

考评内容	考评要点		分值	考评评价	得分
四、法规和安全管理制度70分	1. 资质	①《道路运输经营许可证》、《企业法人营业执照》合法有效,经营范围符合要求。	5★★★		
	2. 法规	①及时识别、获取适用的安全生产法律法规、标准规范;	5		
		②将法规标准和相关要求及时转化为本单位的规章制度,贯彻到各项工作中;	5		
		③执行并落实安全生产法律法规、标准规范;	5		
		④将适用的安全生产法律、法规、标准及其他要求及时对从业人员进行宣传和培训。	5		
	3. 安全管理制度	①制定并及时修订安全生产管理制度,包括:1)安全生产责任制;2)安全例会制度;3)文件和档案管理制度;4)安全生产费用提取和使用管理制度;5)设施、设备、货物安全管理制度;6)安全生产培训和教育学习制度;7)安全生产监督检查制度;8)事故统计报告制度;9)安全生产奖惩制度;	10		
		②对从业人员进行安全管理制度的学习和培训。	5		
	4. 岗位安全生产操作规程	①制定并及时修订各岗位的安全生产操作规程,并发放到岗位(职工);	10★★★		
		②对从业人员进行安全操作规程的学习和培训;从业人员严格执行本单位的安全操作规程。	5		

续上表

考评内容	考评要点		分值	考评评价	得分
四、法规和安全管理制度 70分	5. 制度执行及档案管理	①执行国家有关安全生产方针、政策、法规及本单位的安全管理制度和操作规程，依据行业特点，制定企业安全生产管理措施；	5		
		②每年至少一次对安全生产法律法规、标准规范、规章制度、操作规程的执行情况进行检查；	5		
		③建立和完善各类台账和档案，并按要求及时报送有关资料和信息。	5★★★		
五、安全投入 50分	1. 资金投入	①按规定足额提取安全生产费用；	10★★★		
		②安全生产经费专款专用，保证安全生产投入的有效实施；	15★★		
		③及时投入满足安全生产条件的所需资金；	10		
		④为旅客投保承运人责任险。	5★★		
	2. 费用管理	①跟踪、监督安全生产专项经费使用情况；	5		
		②建立安全费用使用台账。	5		
六、装备设施 75分	1. 车辆管理	①车辆技术等级符合行业标准规定要求；	5★★★		
		②车辆持有效的《道路运输证》、《机动车行驶证》、《道路客运班线经营许可证明》，在规定位置放置客运标志牌；	10★★★		

续上表

考评内容	考评要点		分值	考评评价	得分
六、装备设施75分	1. 车辆管理	③车辆按规定配备安全锤、三角木、警示牌、防滑链等安全设备,配足有效的灭火器;	15★★★		
		④制定并落实车辆技术管理制度,按国家规定的技术规范对车辆进行定期维护与检测,保持运输车辆技术状况良好;	15★★★		
		⑤营运车辆符合国家标准规定的使用年限或营运公里数;	10★★★		
		⑥严格执行车辆的强制报废制度,加强临近报废车辆的技术监管,及时处理临近报废车辆的安全隐患;	10		
		⑦安全生产设施设备符合有关规定,并保证齐全、完好,没有随意改动。	10		
七、科技创新与信息化100分	1. 科技应用	①制定并落实卫星定位装置安装使用规定;	10★★		
		②旅游包车、三类以上班线客车按规定安装使用具有行驶记录功能的卫星定位系统车载终端,并正常使用;	15★★★		
		③车辆卫星定位系统车载终端接入符合行业标准的监控平台和全国重点营运车辆联网联控系统;	10★★		
		④定期检查车载终端使用情况,确保车辆在线时间;车载终端工作正常、监控数据准确、实时、完整传输;	5		

续上表

考评内容	考评要点		分值	考评评价	得分
七、科技创新与信息化100分	1. 科技应用	⑤建立符合行业标准的道路运输车辆卫星定位企业监控平台，及时向上级监管平台传输定位数据，并保证数据真实、准确；	10★		
		⑥企业平台所录入的车辆和驾驶员的基础资料、车辆技术档案信息，记录车辆行驶情况等信息准确、完整；	5		
		⑦配备专职人员负责监控车辆行驶和驾驶员的动态情况，分析处理动态信息；	5		
		⑧建立监控值班制度，对营运车辆24小时实时动态监控；对上级监管平台发出的指令进行应答，并执行有关要求；	10		
		⑨按照有关规定及时纠正和处理超速、疲劳驾驶、故意破坏卫星定位装置等违法违规行为，记录违法违规驾驶员信息，至少保存3年时间；	5		
		⑩建立动态监控工作台账。	5		
	2. 科技创新	①组织开展安全生产科技攻关或课题研究；	10		
		②设有其他安全监管信息系统。	10		
八、队伍建设90分	1. 培训计划	①制定并实施年度及长期的继续教育培训计划，明确培训内容和年度培训时间。	10		

续上表

考评内容	考评要点		分值	考评评价	得分
八、队伍建设90分	2. 宣传教育	①组织开展安全生产的法律、法规和安全生产知识的宣传、教育。	10		
	3. 管理人员	①企业主要负责人和管理人员具备相应安全知识和管理能力，并取得行业主管部门培训合格证；	10★★★		
		②专（兼）职安全管理人员具备专业安全生产管理知识和经验，熟悉各岗位的安全生产业务操作规程，运用专业知识和规章制度开展安全生产管理工作，并保持安全生产管理人员的相对稳定。	15		
	4. 从业人员培训	①从业人员每年接受再培训，提高从业人员的素质和能力，再培训时间不得少于有关规定学时。未经安全生产培训合格的从业人员，不得上岗作业；	10★★		
		②转岗人员及时进行岗前培训；	10		
		③新技术、新设备投入使用前，对管理和操作人员进行专项培训。	10		
	5. 规范档案	①建立健全安全宣传教育培训考评档案，详细、准确记录培训考评情况；	5		
		②对培训效果进行评审，改进提高培训质量。	10		

续上表

考评内容	考评要点		分值	考评评价	得分
九、作业管理155分	1. 现场作业管理	①严格执行操作规程和安全生产作业规定，严禁违章指挥、违章操作、违反劳动纪律。	10		
	2. 安全值班	①制定并落实安全生产值班计划和值班制度，重要时期实行领导到岗带班，有值班记录。	10		
	3. 相关方管理	①两个或两个以上单位共用同一设施设备进行生产经营的现场安全生产管理职责明确，并落实到位。	5		
	4. 驾驶员管理	①制定并落实驾驶员行车安全档案管理制度，实行一人一档；	10		
		②严格审查驾驶员的驾驶证件、从业资格和驾驶经历，符合条件的签订聘用合同；	10★★★		
		③客运车辆每日运行里程超过400公里（高速公路直达超过800公里）的，按规定配备两名以上驾驶员；驾驶员连续驾驶时间不超过4个小时，或者24小时内累计驾驶不超过8小时；	15★★★		
		④及时掌握极端天气及路况信息，提示作业中的驾驶员谨慎驾驶；	10		
		⑤驾驶员按照规定填写《行车日志》。	5★★★		

续上表

考评内容	考评要点		分值	考评评价	得分
九、作业管理155分	5. 营运车辆管理	①有车辆技术档案,实行一车一档,内容记载及时、完整和准确,不得随意更改;	10★★★		
		②落实专人负责车辆技术管理工作,车辆安全技术状况符合有关规定;	10		
		③建立并落实车辆安全检查制度。做好出车前、行车中及收车后的车辆检查工作;	10★★		
		④维护、维修作业须在交通运输管理部门认定的汽车维修企业进行。	10		
	6. 运输管理	①客运班车按照许可的线路、班次、站点运行,在规定的途径站点进站上下旅客,不得改变行驶线路,不得站外上客或者沿途揽客;	15		
		②客运车辆严格按核定人数范围内载客运行,无违反规定超速、超员运输;	10★★★		
		③合理调整发车时间,对夜间途经达不到夜间安全通行条件的三级(含)以下山区公路,禁止通行。	10		
	7. 警示标志	①在存在危险因素的作业场所和设备设施,设置明显的安全警示标志,警示、告知危险种类、后果及应急措施。	5		

续上表

考评内容	考评要点		分值	考评评价	得分
十、危险源辨识与风险控制40分	1. 危险源辨识	①开展本单位危险设施或场所危险源的辨识和确定工作；	10		
		②辨识重大危险源，采取有效防护措施，按规定报有关部门备案；	10★★		
	2. 风险控制	①及时对作业活动和设备设施进行危险、有害因素识别；	10		
		②向从业人员如实告知作业场所和工作岗位存在的危险因素、防范措施以及事故应急措施；	5		
		③对危险源进行建档，重大危险源单独建档管理。	5		
十一、隐患排查与治理70分	1. 隐患排查	①制定隐患排查工作方案，明确排查的目的、范围，选择合适的排查方法；	10		
		②每月至少开展一次安全自查自纠工作，及时发现安全管理缺陷和漏洞，消除安全隐患。检查及处理情况应当记录在案；	15★★★		
		③对各种安全检查所查出的隐患进行原因分析，制定针对性控制对策。	10		
	2. 隐患治理	①制定隐患治理方案，包括目标和任务、方法和措施、经费和物资、机构和人员、时限和要求；	5		

续上表

考评内容	考评要点		分值	考评评价	得分
十一、隐患排查与治理70分	2. 隐患治理	②对上级检查指出或自我检查发现的一般安全隐患,严格落实防范和整改措施,并组织整改到位;	5		
		③重大安全隐患报相关部门备案,做到整改措施、责任、资金、时限和预案"五到位";	10★★		
		④建立隐患治理台账和档案,有相关的记录;	5		
		⑤按规定对隐患排查和治理情况进行统计分析,并向有关部门报送。	10		
十二、职业健康25分	1. 健康管理	①设置或指定职业健康管理机构,配备专(兼)职管理人员;	5		
		②按规定对员工进行职业健康检查。	5		
	2. 工伤保险	①为驾驶员投保工伤保险。	5		
	3. 危害告知	①对从业人员进行职业健康宣传培训。使其了解其作业场所和工作岗位存在的危险因素和职业危害、防范措施和应急处理措施。	5		
	4. 环境与条件	①为从业人员提供符合职业健康要求的工作环境和条件,配备与职业健康保护相适应的设施、工具。	5		

续上表

考评内容	考评要点		分值	考评评价	得分
十三、安全文化35分	1. 安全环境	①设立安全文化廊、安全角、黑板报、宣传栏等员工安全文化阵地，每月至少更换一次内容；	5		
		②公开安全生产举报电话号码、通信地址或者电子邮件信箱。对接到的安全生产举报和投诉及时予以调查和处理。	5		
	2. 安全行为	①开展安全承诺活动；	5★		
		②编制旅客运输安全知识手册，并发放到职工；	5		
		③组织开展安全生产月活动、安全生产竞赛活动，有方案、有总结；	5		
		④对在安全工作中做出显著成绩的集体、个人给予表彰、奖励，并与其经济利益挂钩；	5		
		⑤对安全生产进行检查、评比、考评，总结和交流经验，推广安全生产先进管理方法。	5		
十四、应急救援85分	1. 预案制定	①制定相应的突发事件应急预案，有相应的应急保障措施；	10★★★		
		②结合实际将应急预案分为综合应急预案、专项应急预案和现场处置方案；	5★★		
		③应急预案与当地政府预案保持衔接，报当地有关部门备案，通报有关协作单位；	5		
		④定期评审应急预案，并根据评审结果或实际情况的变化进行修订和完善。	10		

续上表

考评内容	考评要点		分值	考评评价	得分
十四、应急救援85分	2. 预案实施	①开展应急预案的宣传教育，普及生产安全事故预防、避险、自救和互救知识；	5		
		②开展应急预案培训活动，使有关人员了解应急预案内容，熟悉应急职责、应急程序和应急处置方案；	5★★★		
		③发生事故后，及时启动应急预案，组织有关力量进行救援，并按照规定将事故信息及应急预案启动情况报告有关部门。	10		
	3. 应急队伍	①建立与本单位安全生产特点相适应的专兼职应急救援队伍，或指定专兼职应急救援人员；	5		
		②组织应急救援人员日常训练。	5		
	4. 应急装备	①按照应急预案的要求配备相应的应急物资及装备；	5		
		②建立应急装备使用状况档案，定期进行检测和维护，使其处于良好状态。	5		
	5. 应急演练	①按照有关规定制定应急预案演练计划，并按计划组织开展应急预案演练；	10★★★		
		②应急预案演练结束后，对应急预案演练效果进行评审，撰写应急预案演练评审报告，分析存在的问题，并对应急预案提出修订意见。	5★		

续上表

考评内容	考评要点		分值	考评评价	得分
十五、事故报告调查处理 50分	1.事故报告	①发生事故及时进行事故现场处置,按相关规定及时、准确、如实向有关部门报告,没有瞒报、谎报、迟报情况;	10★★★		
		②跟踪事故发展情况,及时续报事故信息,建立事故档案和事故管理台账。	5		
	2.事故处理	①接到事故报告后,迅速采取有效措施,组织抢救,防止事故扩大,减少人员伤亡和财产损失;	10		
		②发生事故后,按规定成立事故调查组,积极配合各级人民政府组织的事故调查,随时接受事故调查组的询问,如实提供有关情况;	5		
		③按时提交事故调查报告,分析事故原因,落实整改措施;	5		
		④发生事故后,及时召开安全生产分析通报会,对事故当事人的聘用、培训、考评、上岗以及安全管理等情况进行责任倒查;	5		
		⑤按"四不放过"原则严肃查处事故,严格追究责任领导和相关责任人。处理结果报有关部门备案。	10★		

续上表

考评内容	考评要点		分值	考评评价	得分
十六、绩效考核与持续改进35分	1. 绩效评定	①每年至少一次对本单位安全生产标准化的实施情况进行评定，对安全生产工作目标、指标的完成情况进行综合考评。	5		
	2. 持续改进	①提出进一步完善安全标准化的计划和措施，对安全生产目标、指标、管理制度、操作规程等进行修改完善。	10		
	3. 安全管理体系建设	①根据企业生产经营实际，建立相应的安全管理体系，规范安全生产管理，形成长效机制。	20★		

考评员(签名)：　　　　　　　　　　年　月　日

五、道路危险货物运输企业安全生产达标考评指标

<table>
<tr><th>考评内容</th><th colspan="2">考 评 要 点</th><th>分值</th><th>考评评价</th><th>得分</th></tr>
<tr><td rowspan="7">一、安全目标35分</td><td rowspan="2">1. 安全工作方针与目标</td><td>①制定企业安全生产方针、目标和不低于上级下达的安全控制指标；</td><td>5★★★</td><td></td><td></td></tr>
<tr><td>②制定实现安全工作方针与目标的措施。</td><td>5</td><td></td><td></td></tr>
<tr><td>2. 中长期规划</td><td>①制定和实施企业安全生产中长期规划和跨年度专项工作方案。</td><td>5★★</td><td></td><td></td></tr>
<tr><td>3. 年度计划</td><td>①根据中长期规划，制定年度计划和年度专项活动方案，并严格执行。</td><td>5</td><td></td><td></td></tr>
<tr><td rowspan="3">4. 目标考核</td><td>①将安全生产管理指标进行细化和分解，制定阶段性的安全生产控制指标；</td><td>5</td><td></td><td></td></tr>
<tr><td>②制定安全生产目标考核与奖惩办法；</td><td>5</td><td></td><td></td></tr>
<tr><td>③定期考核年度安全生产目标完成情况，并奖惩兑现。</td><td>5</td><td></td><td></td></tr>
<tr><td rowspan="3">二、管理机构和人员40分</td><td rowspan="3">1. 安全管理机构</td><td>①成立安全生产委员会（或领导小组），下属各分支机构分别成立相应的领导机构。安委会职责明确，实行主要领导负责制；</td><td>10★★</td><td></td><td></td></tr>
<tr><td>②按规定设置与企业规模相适应且独立的安全生产管理机构；</td><td>15★★★</td><td></td><td></td></tr>
<tr><td>③定期召开安全生产委员会会议。安全生产管理机构和下属各分支机构每月至少召开一次安全工作例会。</td><td>5</td><td></td><td></td></tr>
</table>

续上表

考评内容	考评要点		分值	考评评价	得分
二、管理机构和人员40分	2. 管理人员配备	①按规定足额配备专职安全生产和应急管理人员。	10★★★		
三、安全责任体系45分	1. 健全责任制	①企业主要负责人、分管领导、全体员工安全职责明确，制定并落实安全生产责任制，层层签订安全生产责任书，并落实到位；	10★★★		
		②主要负责人或实际控制人是安全生产第一责任人，按照安全生产法律法规赋予的职责，对安全生产负全面组织领导、管理责任和法律责任，并履行安全生产的责任和义务；	5★★		
		③分管安全生产的负责人是安全生产的重要负责人，统筹协调和综合管理企业的安全生产工作，对安全生产负重要管理责任；	5		
		④其他负责人和全体员工实行“一岗双责”，对业务范围内的安全生产工作负责；	5		
		⑤安全生产管理机构、各职能部门、生产基层单位的安全职责明确并落实到位。	10		
	2. 责任制考评	①根据安全生产责任进行定期考核和奖惩，公告考评和奖惩情况。	10★★		

续上表

考评内容	考评要点		分值	考评评价	得分
四、法规和安全管理制度70分	1. 资质	①《道路运输经营许可证》、《企业法人营业执照》合法有效，经营范围符合要求。	5★★★		
	2. 法规	①及时识别、获取适用的安全生产法律法规、标准规范；	5		
		②将法规标准和相关要求及时转化为本单位的规章制度，贯彻到各项工作中；	5		
		③执行并落实安全生产法律法规、标准规范；	5		
		④将适用的安全生产法律、法规、标准及其他要求及时对从业人员进行宣传和培训。	5		
	3. 安全管理制度	①制定并及时修订安全生产管理制度，包括：1）安全生产责任制；2）安全例会制度；3）文件和档案管理制度；4）安全生产费用提取和使用管理制度；5）设施、设备、货物安全管理制度；6）安全生产培训和教育学习制度；7）安全生产监督检查制度；8）事故统计报告制度；9）安全生产奖惩制度；	10		
		②对从业人员进行安全管理制度的学习和培训。	5		
	4. 岗位安全生产操作规程	①制定并及时修订各岗位的安全生产操作规程，并发放到岗位（职工）；	10★★★		
		②对从业人员进行安全操作规程的学习和培训；从业人员严格执行本单位的安全操作规程。	5		

续上表

考评内容	考评要点		分值	考评评价	得分
四、法规和安全管理制度 70分	5.制度执行及档案管理	①执行国家有关安全生产方针、政策、法规及本单位的安全管理制度和操作规程,依据行业特点,制定企业安全生产管理措施;	5		
		②每年至少一次对安全生产法律法规、标准规范、规章制度、操作规程的执行情况进行检查;	5		
		③建立和完善各类台账和档案,并按要求及时报送有关资料和信息。	5★★★		
五、安全投入 50分	1.资金投入	①按规定足额提取安全生产费用;	10★★★		
		②安全生产经费专款专用,保证安全生产投入的有效实施;	15★★		
		③及时投入满足安全生产条件的所需资金;	10		
		④为危险货物投保承运人责任险。	5★★★		
	2.费用管理	①跟踪、监督安全生产专项经费使用情况;	5		
		②建立安全费用使用台账。	5		
六、装备设施 85分	1.停车场	①制定并落实停车场安全管理制度;	5		
		②有符合安全规定并与经营范围、规模相适应的停车场地;	10★★★		

续上表

考评内容	考评要点		分值	考评评价	得分
六、装备设施85分	1. 停车场	③具有运输剧毒、爆炸和Ⅰ类包装危险货物专用车辆的，配备与其他设备、车辆、人员隔离的专用停车区域，并设立明显的警示标志；	10★★★		
		④停车场地设有专人值守，安全生产设施设备符合有关规定，齐全、完好。	10		
	2. 设施设备	①车辆持有效的《道路运输证》、《机动车行驶证》，车辆技术等级达到行业标准规定的一级技术等级；	10★★★		
		②专用车辆符合国家有关规定，配备安全、有效的通信工具，并按照国家标准的要求悬挂标志，标志灯(牌)、标识齐全有效；	10★★★		
		③车辆的经常性装备符合有关规定，并保证齐全、完好；	5		
		④车辆在特殊运行条件下使用时，应根据需要，配备保温、预热、防滑、牵引等临时性装备；	5		
		⑤配备有与运输的危险货物性质相适应的安全防护、环境保护和消防设施设备，随车携带遮盖、捆扎、防潮、防火、防毒等工属具和应急处理设备、劳动防护用品；	10★★★		
		⑥营运车辆符合国家标准规定的使用年限或营运公里数；	5★★★		
		⑦严格执行车辆的强制报废制度，加强临近报废车辆的技术监管，及时处理临近报废车辆的安全隐患。	5		

续上表

考评内容	考评要点		分值	考评评价	得分
七、科技创新与信息化70分	1. 科技应用	①制定并落实卫星定位装置安装使用规定；	5		
		②按规定为所属车辆安装符合行业标准的道路运输车辆卫星定位系统车载终端，并正常使用；	10★★★		
		③卫星定位系统车载终端接入符合行业标准的监控平台和全国重点营运车辆联网联控系统；	5★★		
		④定期检查车载终端使用情况，确保车辆在线时间；车载终端工作正常、监控数据准确、实时、完整传输；	5		
		⑤建立符合行业标准的道路运输车辆卫星定位系统企业监控平台，及时向上级监管平台传输定位数据，并保证数据的真实性、准确性、实效性；	10★		
		⑥企业卫星定位平台准确、完整录入车辆和驾驶员的基础资料、车辆技术档案和车辆行驶情况等信息；	5		
		⑦配备专职人员负责监控车辆行驶和驾驶员的动态情况，分析处理动态信息；	5		
		⑧建立监控值班制度，对营运车辆24小时不间断地实时动态监控；对上级监管平台发出的指令进行应答，并执行有关要求；	5		
		⑨按照有关规定及时纠正和处理超速、疲劳驾驶、故意破坏卫星定位装置等违法违规行为，对违法违规驾驶员信息留存在案，至少保存3年时间；	5		
		⑩建立动态监控工作台账。	5		

续上表

考评内容	考评要点		分值	考评评价	得分
七、科技创新与信息化70分	2. 科技创新	①设有其他安全生产管理信息系统；	5		
		②组织开展安全生产科技攻关或课题研究。	5		
八、队伍建设90分	1. 培训计划	①制定并实施年度及长期的继续教育培训计划，明确培训内容和年度培训时间。	10		
	2. 宣传教育	①组织开展安全生产的法律、法规和安全生产知识的宣传、教育。	10		
	3. 管理人员	①企业主要负责人和管理人员具备相应安全知识和管理能力，并取得行业主管部门培训合格证；	10★★★		
		②专（兼）职安全管理人员具备专业安全生产管理知识和经验，熟悉各岗位的安全生产业务操作规程，运用专业知识和规章制度开展安全生产管理工作，并保持安全生产管理人员的相对稳定。	15		
	4. 从业人员培训	①从业人员每年接受再培训，提高从业人员的素质和能力，再培训时间不得少于有关规定学时。未经安全生产培训合格的从业人员，不得上岗作业；	10★★		
		②转岗人员及时进行岗前培训；	10		
		③新技术、新设备投入使用前，对管理和操作人员进行专项培训。	10		

续上表

考评内容	考评要点		分值	考评评价	得分
八、队伍建设90分	5.规范档案	①建立健全安全宣传教育培训考评档案，详细、准确记录培训考评情况；	5		
		②对培训效果进行评审，改进提高培训质量。	10		
九、作业管理170分	1.现场作业管理	①严格执行操作规程和安全生产作业规定，严禁违章指挥、违章操作、违反劳动纪律。	10		
	2.安全值班	①制定并落实安全生产值班计划和值班制度，重要时期实行领导到岗带班，有值班记录。	5		
	3.相关方现场安全管理责任落实	①两个或两个以上单位共用同一设施设备进行生产经营的现场安全生产管理职责明确，并落实到位。	5		
	4.从业人员管理	①从业人员熟悉有关安全生产的法规、技术标准和安全生产规章制度、安全操作规程，了解所装运危险货物的性质、危害特性、包装物或者容器的使用要求和发生意外事故时的处置措施；驾驶人员、押运人员没有擅自离岗、脱岗；	10★★★		
		②制定并落实驾驶员行车安全档案管理制度，实行一人一档；	10		
		③严格审查驾驶人员的驾驶证件、从业资格和驾驶经历，审查装卸管理人员和押运人员从业资格，符合条件的签订聘用合同；	10★★★		

续上表

考评内容	考评要点		分值	考评评价	得分
九、作业管理170分	4. 从业人员管理	④车辆每日运行里程超过400公里的，按规定配备两名以上驾驶员；驾驶员连续驾驶时间不超过4个小时，24小时内累计驾驶不超过8小时；	10★★★		
		⑤及时掌握极端天气及路况信息，提示作业中的驾驶员谨慎驾驶；	10		
		⑥驾驶员按照规定填写《行车日志》。	5★★★		
	5. 营运车辆管理	①罐式专用车辆的罐体经质量检验部门检验合格，并在有效期内；	5★★★		
		②制定并落实车辆技术管理制度，落实专人负责车辆技术管理工作，并按国家规定的技术规范对车辆进行定期维护与检测，保持运输车辆技术状况良好；	10★★★		
		③建立并落实车辆安全检查制度。做好出车前、行车中及收车后的车辆检查工作，发现故障及隐患，及时排除；	10★★		
		④维护、维修作业须在交通运输管理部门认定的具备道路危险货物运输车辆维修条件的汽车维修企业进行；	5		
		⑤有车辆技术档案，实行一车一档，对相关内容的记载及时、完整和准确，不得随意更改。	5★★★		

续上表

考评内容	考评要点		分值	考评评价	得分
九、作业管理170分	6. 运输管理	①制定并落实危险货物运输登记制度，做好相关记录；	5		
		②驾驶员按照道路交通安全主管部门指定的行车时间和路线运输危险货物；	5		
		③运输货物符合车辆核定范围和要求，无违反规定超限、超载运输；	10★★★		
		④配备押运人员，并随车携带“道路运输危险货物安全卡”；	5★★★		
		⑤运输危险货物过程中，押运人员对道路危险货物运输进行全程监管。密切注意车辆所装载的危险货物，采取必要措施，防止危险货物脱落、扬散、丢失以及燃烧、爆炸、辐射、泄漏等；根据危险货物性质定时停车检查，发现问题及时会同驾驶人员采取措施妥善处理；	10★★★		
		⑥装卸管理人员按照安全作业规程对道路危险货物装卸作业进行现场监督，确保装卸安全；	10★★★		
		⑦建立车辆清洗消毒制度，车辆及工具按有关要求方法到具备条件的地点进行车辆清洗消毒处理。	5		
	7. 警示标志	①存在危险因素的作业场所和设备设施，设置警戒区域和明显安全警示标志，警示、告知危险种类、后果及应急措施，无关人员不得进入作业区。	10		

续上表

考评内容	考评要点		分值	考评评价	得分
十、危险源辨识与风险控制45分	1. 危险源辨识	①开展本单位危险设施或场所危险源的辨识和确定工作；	10		
		②辨识重大危险源，采取有效防护措施，按规定报有关部门备案。	15★★		
	2. 风险控制	①及时对作业活动和设备设施进行危险、有害因素识别；	10		
		②向从业人员如实告知作业场所和工作岗位存在的危险因素、防范措施以及事故应急措施；	5		
		③对危险源进行建档，重大危险源单独建档管理。	5		
十一、隐患排查与治理70分	1. 隐患排查	①制定隐患排查工作方案，明确排查的目的、范围，选择合适的排查方法；	10		
		②每月至少开展一次安全自查自纠工作，及时发现安全管理缺陷和漏洞，消除安全隐患。检查及处理情况应当记录在案；	15★★★		
		③对各种安全检查所查出的隐患进行原因分析，制定针对性控制对策。	10		
	2. 隐患治理	①制定隐患治理方案，包括目标和任务、方法和措施、经费和物资、机构和人员、时限和要求；	5		

续上表

考评内容	考评要点		分值	考评评价	得分
十一、隐患排查与治理70分	2. 隐患治理	②对上级检查指出或自我检查发现的一般安全隐患，严格落实防范和整改措施，并组织整改到位；	5		
		③重大安全隐患报相关部门备案，做到整改措施、责任、资金、时限和预案“五到位”；	10★★		
		④建立隐患治理台账和档案，有相关的记录；	5		
		⑤按规定对隐患排查和治理情况进行统计分析，并向有关部门报送。	10		
十二、职业健康25分	1. 健康管理	①设置或指定职业健康管理机构，配备专（兼）职管理人员；	5		
		②按规定对员工进行职业健康检查。	5		
	2. 工伤保险	①从事危险作业人员投保意外伤害险。	5		
	3. 危害告知	①对从业人员进行职业健康宣传培训。使其了解其作业场所和工作岗位存在的危险因素和职业危害、防范措施和应急处理措施。	5		
	4. 环境与条件	①为从业人员提供符合职业健康要求的工作环境和条件，配备与职业健康保护相适应的设施、工具。	5		

续上表

<table>
<tr><th>考评内容</th><th colspan="2">考 评 要 点</th><th>分值</th><th>考评评价</th><th>得分</th></tr>
<tr><td rowspan="7">十 三、安全文化35分</td><td rowspan="2">1. 安全环境</td><td>①设立安全文化廊、安全角、黑板报、宣传栏等员工安全文化阵地,每月至少更换一次内容;</td><td>5</td><td></td><td></td></tr>
<tr><td>②公开安全生产举报电话号码、通信地址或者电子邮件信箱。对接到的安全生产举报和投诉及时予以调查和处理。</td><td>5</td><td></td><td></td></tr>
<tr><td rowspan="5">2. 安全行为</td><td>①开展安全承诺活动;</td><td>5★</td><td></td><td></td></tr>
<tr><td>②编制危险货物运输安全知识手册,并发放到职工;</td><td>5</td><td></td><td></td></tr>
<tr><td>③组织开展安全生产月活动、安全生产竞赛活动,有方案、有总结;</td><td>5</td><td></td><td></td></tr>
<tr><td>④对在安全工作中做出显著成绩的集体、个人给予表彰、奖励,并与其经济利益挂钩;</td><td>5</td><td></td><td></td></tr>
<tr><td>⑤对安全生产进行检查、评比、考评,总结和交流经验,推广安全生产先进管理方法。</td><td>5</td><td></td><td></td></tr>
<tr><td rowspan="2">十 四、应急救援85分</td><td rowspan="2">1. 预案制定</td><td>①制定相应的突发事件应急预案,有相应的应急保障措施;</td><td>10★★★</td><td></td><td></td></tr>
<tr><td>②结合实际将应急预案分为综合应急预案、专项应急预案和现场处置方案;</td><td>5★★</td><td></td><td></td></tr>
</table>

续上表

考评内容	考评要点		分值	考评评价	得分
十四、应急救援85分	1. 预案制定	③应急预案与当地政府预案保持衔接，报当地有关部门备案，通报有关协作单位；	5		
		④定期评审应急预案，并根据评审结果或实际情况的变化进行修订和完善。	10		
	2. 预案实施	①开展应急预案的宣传教育，普及生产安全事故预防、避险、自救和互救知识；	5		
		②开展应急预案培训活动，使有关人员了解应急预案内容，熟悉应急职责、应急程序和应急处置方案；	5★★★		
		③发生事故后，及时启动应急预案，组织有关力量进行救援，并按照规定将事故信息及应急预案启动情况报告有关部门。	10		
	3. 应急队伍	①建立与本单位安全生产特点相适应的专兼职应急救援队伍，或指定专兼职应急救援人员；	5		
		②组织应急救援人员日常训练。	5		
	4. 应急装备	①按照应急预案的要求配备相应的应急物资及装备；	5		
		②建立应急装备使用状况档案，定期进行检测和维护，使其处于良好状态。	5		

续上表

考评内容	考评要点		分值	考评评价	得分
十四、应急救援85分	5.应急演练	①按照有关规定制定应急预案演练计划,并按计划组织开展应急预案演练;	10★★★		
		②应急预案演练结束后,对应急预案演练效果进行评审,撰写应急预案演练评审报告,分析存在的问题,并对应急预案提出修订意见。	5★		
十五、事故报告调查处理50分	1.事故报告	①发生事故及时进行事故现场处置,按相关规定及时、准确、如实向有关部门报告,没有瞒报、谎报、迟报情况;	10★★★		
		②跟踪事故发展情况,及时续报事故信息,建立事故档案和事故管理台账。	5		
	2.事故处理	①接到事故报告后,迅速采取有效措施,组织抢救,防止事故扩大,减少人员伤亡和财产损失;	10		
		②发生事故后,按规定成立事故调查组,积极配合各级人民政府组织的事故调查,随时接受事故调查组的询问,如实提供有关情况;	5		
		③按时提交事故调查报告,分析事故原因,落实整改措施;	5		
		④发生事故后,及时召开安全生产分析通报会,对事故当事人的聘用、培训、考评、上岗以及安全管理等情况进行责任倒查;	5		
		⑤按“四不放过”原则严肃查处事故,严格追究责任领导和相关责任人。处理结果报有关部门备案。	10★		

续上表

考评内容	考评要点		分值	考评评价	得分
十六、绩效考核与持续改进35分	1. 绩效评定	①每年至少一次对本单位安全生产标准化的实施情况进行评定，对安全生产工作目标、指标的完成情况进行综合考评。	5		
	2. 持续改进	①提出进一步完善安全标准化的计划和措施，对安全生产目标、指标、管理制度、操作规程等进行修改完善。	10		
	3. 安全管理体系建设	①根据企业生产经营实际，建立相应的安全管理体系，规范安全生产管理，形成长效机制。	20★		

考评员(签名)：　　　　年　月　日

六、道路普通货物运输企业安全生产达标考评指标

<table>
<tr><th>考评内容</th><th colspan="2">考 评 要 点</th><th>分值</th><th>考评评价</th><th>得分</th></tr>
<tr><td rowspan="7">一、安全目标 35分</td><td rowspan="2">1. 安全工作方针与目标</td><td>①制定企业安全生产方针、目标和不低于上级下达的安全控制指标；</td><td>5★★★</td><td></td><td></td></tr>
<tr><td>②制定实现安全工作方针与目标的措施。</td><td>5</td><td></td><td></td></tr>
<tr><td>2. 中长期规划</td><td>①制定和实施企业安全生产中长期规划和跨年度专项工作方案。</td><td>5★★</td><td></td><td></td></tr>
<tr><td>3. 年度计划</td><td>①根据中长期规划，制定年度计划和年度专项活动方案，并严格执行。</td><td>5</td><td></td><td></td></tr>
<tr><td rowspan="3">4. 目标考核</td><td>①将安全生产管理指标进行细化和分解，制定阶段性的安全生产控制指标；</td><td>5</td><td></td><td></td></tr>
<tr><td>②制定安全生产目标考核与奖惩办法；</td><td>5</td><td></td><td></td></tr>
<tr><td>③定期考核年度安全生产目标完成情况，并奖惩兑现。</td><td>5</td><td></td><td></td></tr>
<tr><td rowspan="3">二、管理机构和人员 35分</td><td rowspan="3">1. 安全管理机构</td><td>①成立安全生产委员会（或领导小组），下属各分支机构分别成立相应的领导机构。安委会职责明确，实行主要领导负责制；</td><td>10★★</td><td></td><td></td></tr>
<tr><td>②设置与安全生产相适应的安全生产管理机构；</td><td>10★★★</td><td></td><td></td></tr>
<tr><td>③定期召开安全生产委员会会议。安全生产管理机构和下属各分支机构每月至少召开一次安全工作例会。</td><td>5</td><td></td><td></td></tr>
</table>

续上表

考评内容	考评要点		分值	考评评价	得分
二、管理机构和人员35分	2. 管理人员配备	①按规定足额配备安全生产和应急管理人员。	10★★★		
三、安全责任体系45分	1. 健全责任制	①企业主要负责人、分管领导、全体员工安全职责明确,制定并落实安全生产责任制,层层签订安全生产责任书,并落实到位;	10★★★		
		②主要负责人或实际控制人是安全生产第一责任人,按照安全生产法律法规赋予的职责,对安全生产负全面组织领导、管理责任和法律责任,并履行安全生产的责任和义务;	5		
		③分管安全生产的负责人是安全生产的重要负责人,统筹协调和综合管理企业的安全生产工作,对安全生产负重要管理责任;	5		
		④其他负责人和全体员工实行"一岗双责",对业务范围内的安全生产工作负责;	5		
		⑤安全生产管理机构、各职能部门、生产基层单位的安全职责明确并落实到位。	10		
	2. 责任制考评	①根据安全生产责任进行定期考核和奖惩,公告考评和奖惩情况。	10★★		

续上表

考评内容	考评要点		分值	考评评价	得分
四、法规和安全管理制度70分	1. 资质	①《道路运输经营许可证》、《企业法人营业执照》合法有效,经营范围符合要求。	10★★★		
	2. 法规	①及时识别、获取适用的安全生产法律法规、标准规范;	5		
		②将法规标准和相关要求及时转化为本单位的规章制度,贯彻到各项工作中;	5		
		③将适用的安全生产法律、法规、标准及其他要求及时对从业人员进行宣传和培训。	5		
	3. 安全管理制度	①制定并及时修订安全生产管理制度,包括:1)安全生产责任制;2)安全例会制度;3)文件和档案管理制度;4)安全生产费用提取和使用管理制度;5)设施、设备、货物安全管理制度;6)安全生产培训和教育学习制度;7)安全生产监督检查制度;8)事故统计报告制度;9)安全生产奖惩制度;	10		
		②对从业人员进行安全管理制度的学习和培训。	5		
	4. 岗位安全生产操作规程	①制定并及时修订各岗位的安全生产操作规程,并发放到岗位(职工);	10★★★		
		②对从业人员进行安全操作规程的学习和培训;从业人员严格执行本单位的安全操作规程。	5		

续上表

考评内容	考评要点		分值	考评评价	得分
四、法规和安全管理制度70分	5. 制度执行及档案管理	①执行国家有关安全生产方针、政策、法规及本单位的安全管理制度和操作规程，依据行业特点，制定企业安全生产管理措施；	5		
		②每年至少一次对安全生产法律法规、标准规范、规章制度、操作规程的执行情况进行检查；	5		
		③建立和完善各类台账和档案，并按要求及时报送有关资料和信息。	5★★★		
五、安全投入50分	1. 资金投入	①按规定足额提取安全生产费用；	10★★★		
		②安全生产经费专款专用，保证安全生产投入的有效实施；	15★★		
		③及时投入满足安全生产条件的所需资金。	10		
	2. 费用管理	①跟踪、监督安全生产专项经费使用情况；	10		
		②建立安全费用使用台账。	5		
六、装备设施85分	1. 安全设施	①安全生产设施设备符合有关规定，并保证齐全、完好，没有随意改动；	10★★★		
		②车辆按规定配备三角木、警示牌、防滑链等安全设备，配足有效的消防设备及器材。	10★★★		
	2. 车辆	①车辆持有效的《道路运输证》、《机动车行驶证》等证照；	10★★★		

续上表

考评内容	考评要点		分值	考评评价	得分
六、装备设施85分	2. 车辆	②车辆技术等级达到行业标准规定的技术等级；	5★★★		
		③营运车辆符合国家标准规定的使用年限或营运公里数；	5★★★		
		④严格执行车辆的强制报废制度，加强临近报废车辆的技术监管，及时处理临近报废车的安全隐患。	10		
	3. 特种装备	①指定专人对特种设备进行管理；	10		
		②特种设备按规定进行定期检验，检验证书合法有效；	10		
		③特种设备维护保养良好；	10		
		④按要求建立特种设备台账。	5		
七、科技创新与信息化65分	1. 科技信息化	①制定卫星定位装置安装使用规定；	10		
		②为所属车辆安装符合行业标准的道路运输车辆卫星定位系统车载终端；	15		
		③对车辆进行动态监控，及时提醒、预警；	15		
		④设有其他的安全监管信息系统；	10		
		⑤组织开展安全生产科技攻关或课题研究；	10		
		⑥建立动态监控工作台账。	5		

续上表

考评内容	考评要点		分值	考评评价	得分
八、队伍建设90分	1. 培训计划	①制定并实施年度及长期的继续教育培训计划,明确培训内容和年度培训时间。	10		
	2. 宣传教育	①组织开展安全生产的法律、法规和安全生产知识的宣传、教育。	10		
	3. 管理人员	①企业主要负责人和管理人员具备相应安全知识和管理能力,并取得行业主管部门培训合格证;	10★★★		
		②专(兼)职安全管理人员具备专业安全生产管理知识和经验,熟悉各岗位的安全生产业务操作规程,运用专业知识和规章制度开展安全生产管理工作,并保持安全生产管理人员的相对稳定。	15		
	4. 从业人员培训	①从业人员每年接受再培训,提高从业人员的素质和能力,再培训时间不得少于有关规定学时。未经安全生产培训合格的从业人员,不得上岗作业;	10★★		
		②转岗人员及时进行岗前培训;	10		
		③新技术、新设备投入使用前,对管理和操作人员进行专项培训。	10		
	5. 规范档案	①建立健全安全宣传教育培训考评档案,详细、准确记录培训考评情况;	5		
		②对培训效果进行评审,改进提高培训质量。	10		

续上表

考评内容	考评要点		分值	考评评价	得分
九、作业管理165分	1. 现场作业管理	①严格执行操作规程和安全生产作业规定，严禁违章指挥、违章操作、违反劳动纪律。	10		
	2. 安全值班	①制定并落实安全生产值班计划和值班制度，重要时期实行领导到岗带班，有值班记录。	10		
	3. 相关方管理	①两个或两个以上单位共用同一设施设备进行生产经营的现场安全生产管理职责明确，并落实到位。	5		
	4. 驾驶员管理	①制定并落实驾驶员行车安全档案管理制度，实行一人一档；	10		
		②严格审查驾驶员的驾驶证件、从业资格和驾驶经历，符合条件的签订聘用合同；	15★★★		
		③货运车辆每日运行里程超过400公里(高速公路直达超过800公里)的，按规定配备两名以上驾驶员；驾驶员连续驾驶时间不超过4个小时，24小时内累计驾驶不超过8小时；	15★★★		
		④规定驾驶员的行车路线，对危险路段进行标注，供驾驶员参考；	10		
		⑤及时掌握极端天气及路况信息，提示作业中的驾驶员谨慎驾驶。	10		

续上表

考评内容	考评要点		分值	考评评价	得分
九、作业管理165分	5. 营运车辆管理	①制定并落实车辆技术管理制度，按国家规定的技术规范对车辆进行定期维护与检测，保持运输车辆技术状况良好；	15★★		
		②落实专人负责车辆技术管理工作，车辆安全技术状况符合有关规定；	10		
		③建立并落实车辆安全检查制度。做好出车前、行车中及收车后的车辆检查工作，发现故障及隐患，及时排除；	15★★		
		④维护、维修作业须在交通运输管理部门认定的汽车维修企业进行；	10		
		⑤建立并妥善保管车辆技术档案，相关内容记载及时、完整、准确、规范，车辆技术档案一车一档。	10		
	6. 运输管理	①车辆严格按核定载荷范围内运行，无违反规定超限、超载运输。	15★★★		
	7. 警示标志	①在存在危险因素的作业场所和设备设施，设置明显的安全警示标志，警示、告知危险种类、后果及应急措施。	5		

续上表

考评内容	考评要点		分值	考评评价	得分
十、危险源辨识与风险控制50分	1. 危险源辨识	①开展本单位危险设施或场所危险源的辨识和确定工作；	10		
		②辨识重大危险源，采取有效防护措施，按规定报有关部门备案。	15★★		
	2. 风险控制	①及时对作业活动和设备设施进行危险、有害因素识别；	10		
		②向从业人员如实告知作业场所和工作岗位存在的危险因素、防范措施以及事故应急措施；	10		
		③对危险源进行建档，重大危险源单独建档管理。	5		
十一、隐患排查与治理75分	1. 隐患排查	①制定隐患排查工作方案，明确排查的目的、范围，选择合适的排查方法；	10		
		②每月至少开展一次安全自查自纠工作，及时发现安全管理缺陷和漏洞，消除安全隐患。检查及处理情况应当记录在案；	10★★★		
		③对各种安全检查所查出的隐患进行原因分析，制定针对性控制对策。	5		
	2. 隐患治理	①制定隐患治理方案，包括目标和任务、方法和措施、经费和物资、机构和人员、时限和要求；	10		

续上表

<table>
<tr><th>考评内容</th><th colspan="2">考 评 要 点</th><th>分值</th><th>考评评价</th><th>得分</th></tr>
<tr><td rowspan="4">十一、隐患排查与治理75分</td><td rowspan="4">2. 隐患治理</td><td>②对上级检查指出或自我检查发现的一般安全隐患，严格落实防范和整改措施，并组织整改到位；</td><td>10</td><td></td><td></td></tr>
<tr><td>③重大安全隐患报相关部门备案，做到整改措施、责任、资金、时限和预案“五到位”；</td><td>10★★</td><td></td><td></td></tr>
<tr><td>④建立隐患治理台账和档案，有相关的记录；</td><td>5</td><td></td><td></td></tr>
<tr><td>⑤按规定对隐患排查和治理情况进行统计分析，并向有关部门报送。</td><td>10</td><td></td><td></td></tr>
<tr><td rowspan="5">十二、职业健康30分</td><td rowspan="2">1. 健康管理</td><td>①设置或指定职业健康管理机构，配备专（兼）职管理人员；</td><td>5</td><td></td><td></td></tr>
<tr><td>②按规定对员工进行职业健康检查。</td><td>5</td><td></td><td></td></tr>
<tr><td>2. 工伤保险</td><td>①为从事危险作业人员投保意外伤害险。</td><td>10★★</td><td></td><td></td></tr>
<tr><td>3. 危害告知</td><td>①对从业人员进行职业健康宣传培训。使其了解其作业场所和工作岗位存在的危险因素和职业危害、防范措施和应急处理措施。</td><td>5</td><td></td><td></td></tr>
<tr><td>4. 劳动保护</td><td>①为从业人员提供符合职业健康要求的工作环境和条件，配备与职业健康保护相适应的设施、工具。</td><td>5</td><td></td><td></td></tr>
</table>

续上表

考评内容	考评要点		分值	考评评价	得分
十三、安全文化35分	1. 安全环境	①设立安全文化廊、安全角、黑板报、宣传栏等员工安全文化阵地,每月至少更换两次内容;	5		
		②公开安全生产举报电话号码、通信地址或者电子邮件信箱。对接到的安全生产举报和投诉及时予以调查和处理。	5★★		
	2. 安全行为	①开展安全承诺活动;	5★		
		②编制安全知识手册,并发放到职工;	5		
		③组织开展安全生产月活动、安全生产竞赛活动,有方案、有总结;	5		
		④对在安全工作中做出显著成绩的集体、个人给予表彰、奖励,并与其经济利益挂钩;	5		
		⑤对安全生产进行检查、评比、考评,总结和交流经验,推广安全生产先进管理方法。	5		
十四、应急救援85分	1. 预案制定	①制定相应的突发事件应急预案,有相应的应急保障措施;	10★★★		
		②结合实际将应急预案分为综合应急预案、专项应急预案和现场处置方案;	5★★		
		③应急预案与当地政府预案保持衔接,报当地有关部门备案,通报有关协作单位;	5		

续上表

考评内容	考评要点		分值	考评评价	得分
十四、应急救援85分	1. 预案制定	④定期评审应急预案，并根据评审结果或实际情况的变化进行修订和完善。	10		
	2. 预案实施	①开展应急预案的宣传教育，普及生产安全事故预防、避险、自救和互救知识；	5		
		②开展应急预案培训活动，使有关人员了解应急预案内容，熟悉应急职责、应急程序和应急处置方案；	5★★★		
		③发生事故后，及时启动应急预案，组织有关力量进行救援，并按照规定将事故信息及应急预案启动情况报告有关部门。	10		
	3. 应急队伍	①建立与本单位安全生产特点相适应的专兼职应急救援队伍，或指定专兼职应急救援人员；	5		
		②组织应急救援人员日常训练。	5		
	4. 应急装备	①按照应急预案的要求配备相应的应急物资及装备；	5		
		②建立应急装备使用状况档案，定期进行检测和维护，使其处于良好状态。	5		
	5. 应急演练	①按照有关规定制定应急预案演练计划，并按计划组织开展应急预案演练；	10★★★		
		②应急预案演练结束后，对应急预案演练效果进行评审，撰写应急预案演练评审报告，分析存在的问题，并对应急预案提出修订意见。	5★		

续上表

考评内容	考评要点		分值	考评评价	得分
十五、事故报告调查处理50分	1. 事故报告	①发生事故及时进行事故现场处置,按相关规定及时、准确、如实向有关部门报告,没有瞒报、谎报、迟报情况;	10★★★		
		②跟踪事故发展情况,及时续报事故信息,建立事故档案和事故管理台账。	5		
	2. 事故处理	①接到事故报告后,迅速采取有效措施,组织抢救,防止事故扩大,减少人员伤亡和财产损失;	10		
		②发生事故后,按规定成立事故调查组,积极配合各级人民政府组织的事故调查,随时接受事故调查组的询问,如实提供有关情况;	5		
		③按时提交事故调查报告,分析事故原因,落实整改措施;	5		
		④发生事故后,及时召开安全生产分析通报会,对事故当事人的聘用、培训、考评、上岗以及安全管理等情况进行责任倒查;	5		
		⑤按“四不放过”原则严肃查处事故,严格追究责任领导和相关责任人。处理结果报有关部门备案。	10★		

续上表

考评内容	考评要点		分值	考评评价	得分
十六、绩效考核与持续改进 35 分	1. 绩效评定	①每年至少一次对本单位安全生产标准化的实施情况进行评定,对安全生产工作目标、指标的完成情况进行综合考评。	5		
	2. 持续改进	①提出进一步完善安全标准化的计划和措施,对安全生产目标、指标、管理制度、操作规程等进行修改完善。	10		
	3. 安全管理体系建设	①根据企业生产经营实际,建立相应的安全管理体系,规范安全生产管理,形成长效机制。	20★		

考评员(签名): 年 月 日

七、道路货物运输站场安全生产达标考评指标

考评内容	考评要点		分值	考评评价	得分
一、安全目标35分	1. 安全工作方针与目标	①制定企业安全生产方针、目标和不低于上级下达的安全控制指标；	5★★★		
		②制定实现安全工作方针与目标的措施。	5		
	2. 中长期规划	①制定和实施企业安全生产中长期规划和跨年度专项工作方案。	5★★		
	3. 年度计划	①根据中长期规划，制定年度计划和年度专项活动方案，并严格执行。	5		
	4. 目标考核	①将安全生产管理指标进行细化和分解，制定阶段性的安全生产控制指标；	5		
		②制定安全生产目标考核与奖惩办法；	5		
		③定期考核年度安全生产目标完成情况，并奖惩兑现。	5		
二、管理机构和人员35分	1. 安全管理机构	①成立安全生产委员会（或领导小组），下属各分支机构分别成立相应的领导机构。安委会职责明确，实行主要领导负责制；	10★★		
		②设置与安全生产相适应的安全生产管理机构；	10★★★		
		③定期召开安全生产委员会会议。安全生产管理机构和下属各分支机构每月至少召开一次安全工作例会。	5		

续上表

考评内容	考评要点		分值	考评评价	得分
二、管理机构和人员35分	2. 管理人员配备	①按规定足额配备安全生产和应急管理人员。	10★★★		
三、安全责任体系45分	1. 健全责任制	①企业主要负责人、分管领导、全体员工安全职责明确，制定并落实安全生产责任制，层层签订安全生产责任书，并落实到位；	10★★★		
		②主要负责人或实际控制人是安全生产第一责任人，按照安全生产法律法规赋予的职责，对安全生产负全面组织领导、管理责任和法律责任，并履行安全生产的责任和义务；	5		
		③分管安全生产的负责人是安全生产的重要负责人，统筹协调和综合管理企业的安全生产工作，对安全生产负重要管理责任；	5		
		④其他负责人和全体员工实行“一岗双责”，对业务范围内的安全生产工作负责；	5		
		⑤安全生产管理机构、各职能部门、生产基层单位的安全职责明确并落实到位。	10		
	2. 责任制考评	①根据安全生产责任进行定期考核和奖惩，公告考评和奖惩情况。	10★★		

续上表

考评内容	考评要点		分值	考评评价	得分
四、法规和安全管理制度70分	1.资质	①《道路运输经营许可证》、《企业法人营业执照》合法有效,经营范围符合要求。	10★★★		
	2.法规	①及时识别、获取适用的安全生产法律法规、标准规范;	5		
		②将法规标准和相关要求及时转化为本单位的规章制度,贯彻到各项工作中;	5		
		③将适用的安全生产法律、法规、标准及其他要求及时对从业人员进行宣传和培训。	5		
	3.安全管理制度	①制定并及时修订安全生产管理制度,包括:1)安全生产责任制;2)安全例会制度;3)文件和档案管理制度;4)安全生产费用提取和使用管理制度;5)设施、设备、货物安全管理制度;6)安全生产培训和教育学习制度;7)安全生产监督检查制度;8)事故统计报告制度;9)安全生产奖惩制度;	10		
		②对从业人员进行安全管理制度的学习和培训。	5		
	4.岗位安全生产操作规程	①制定并及时修订各岗位的安全生产操作规程,并发放到岗位(职工);	10★★★		
		②对从业人员进行安全操作规程的学习和培训;从业人员严格执行本单位的安全操作规程。	5		

续上表

<table>
<tr><th>考评内容</th><th colspan="2">考 评 要 点</th><th>分值</th><th>考评评价</th><th>得分</th></tr>
<tr><td rowspan="3">四、法规和安全管理制度
70分</td><td rowspan="3">5. 制度执行及档案管理</td><td>①执行国家有关安全生产方针、政策、法规及本单位的安全管理制度和操作规程,依据行业特点,制定企业安全生产管理措施;</td><td>5</td><td></td><td></td></tr>
<tr><td>②每年至少一次对安全生产法律法规、标准规范、规章制度、操作规程的执行情况进行检查;</td><td>5</td><td></td><td></td></tr>
<tr><td>③建立和完善各类台账和档案,并按要求及时报送有关资料和信息。</td><td>5★★★</td><td></td><td></td></tr>
<tr><td rowspan="5">五、安全投入
50分</td><td rowspan="3">1. 资金投入</td><td>①按规定足额提取安全生产费用;</td><td>10★★★</td><td></td><td></td></tr>
<tr><td>②安全生产经费专款专用,保证安全生产投入的有效实施;</td><td>15★★</td><td></td><td></td></tr>
<tr><td>③及时投入满足安全生产条件的所需资金。</td><td>10</td><td></td><td></td></tr>
<tr><td rowspan="2">2. 费用管理</td><td>①跟踪、监督安全生产专项经费使用情况;</td><td>10</td><td></td><td></td></tr>
<tr><td>②建立安全费用使用台账。</td><td>5</td><td></td><td></td></tr>
<tr><td rowspan="3">六、装备设施
105分</td><td rowspan="3">1. 安全设施及管理</td><td>①具备满足安全生产需要的场地和设施设备;</td><td>10</td><td></td><td></td></tr>
<tr><td>②按国家有关规定配足有效的安全和消防设施、设备及器材,并确保齐全有效;</td><td>15★★★</td><td></td><td></td></tr>
<tr><td>③设有覆盖安全重点部位视频监控设备,并保持实时监控;</td><td>15★★</td><td></td><td></td></tr>
</table>

续上表

考评内容	考评要点		分值	考评评价	得分
六、装备设施105分	1. 安全设施及管理	④设有应急通道；	10		
		⑤按规定设置宣传告示设备、安全警告标志、指示牌。	5		
	2. 特种装备	①指定专人对特种设备进行管理；	10		
		②特种设备按规定进行定期检验，检验证书合法有效；	10		
		③特种设备维护保养良好；	10		
		④按要求建立特种设备台账。	5		
	3. 电气安全管理	①按照国家相关法律法规规范站场电气安全管理。	15		
七、科技创新与信息化45分	1. 科技应用及创新	①使用先进的、安全性能可靠的新技术、新工艺、新设备和新材料，优先选购安全、高效、节能的先进设备；	15		
		②设有安全生产管理系统或平台；	10		
		③组织开展安全生产科技攻关或课题研究；	10		
		④设有其他安全监管信息系统。	10		
八、队伍建设90分	1. 培训计划	①制定并实施年度及长期的继续教育培训计划，明确培训内容和年度培训时间。	10		

续上表

考评内容	考评要点		分值	考评评价	得分
八、队伍建设90分	2. 宣传教育	①组织开展安全生产的法律、法规和安全生产知识的宣传、教育。	10		
	3. 管理人员	①企业主要负责人和管理人员具备相应安全知识和管理能力，并取得行业主管部门培训合格证；	10★★★		
		②专(兼)职安全管理人员具备专业安全生产管理知识和经验，熟悉各岗位的安全生产业务操作规程，运用专业知识和规章制度开展安全生产管理工作，并保持安全生产管理人员的相对稳定。	15		
	4. 从业人员培训	①从业人员每年接受再培训，提高从业人员的素质和能力，再培训时间不得少于有关规定学时。未经安全生产培训合格的从业人员，不得上岗作业；	10★★		
		②转岗人员及时进行岗前培训；	10		
		③新技术、新设备投入使用前，对管理和操作人员进行专项培训。	10		
	5. 规范档案	①建立健全安全宣传教育培训考评档案，详细、准确记录培训考评情况；	5		
		②对培训效果进行评审，改进提高培训质量。	10		

续上表

考评内容	考评要点		分值	考评评价	得分
九、作业管理160分	1. 现场作业管理	①严格执行操作规程和安全生产作业规定，严禁违章指挥、违章操作、违反劳动纪律；	15		
		②按照国家相关法律法规，规范站场货物装卸及储存安全管理；	15		
		③在下达生产任务的同时，布置安全生产工作要求；	10		
		④从业人员具有相关资质条件；	15★★★		
		⑤指定专人对危险作业进行现场管理；	10★★		
		⑥停车场内有专人指挥，调度车辆进站发车，停车整齐规范；	15		
		⑦货物堆放和存储符合相关安全规范和技术要求。	10		
	2. 安全值班	①制定并落实安全生产值班计划和值班制度，重要时期实行领导到岗带班，有值班记录。	10		
	3. 相关方管理	①两个或两个以上单位共用同一设施设备进行生产经营的现场安全生产管理职责明确，并落实到位；	5		
		②按照货物性质、保管要求进行分类存放，危险货物存放符合相关规定，装卸作业符合规定并有专人负责。	15		

续上表

考评内容	考评要点		分值	考评评价	得分
九、作业管理160分	4. 车辆管理	①制定并落实车辆安全检查制度；	10		
		②按规定配备专门的安全人员。安全例检人员熟悉货车结构、检验方法和相关技术标准，相关法律法规；	10		
		③有健全的安全检查制度和流程，无超载、超限等不符合安全要求的车辆出站；	15★★		
		④建立并规范填写车辆安全检查台账。	5		
十、危险源辨识与风险控制50分	1. 危险源辨识	①开展本单位危险设施或场所危险源的辨识和确定工作；	10		
		②辨识重大危险源，采取有效防护措施，按规定报有关部门备案。	15★★		
	2. 风险控制	①及时对作业活动和设备设施进行危险、有害因素识别；	10		
		②向从业人员如实告知作业场所和工作岗位存在的危险因素、防范措施以及事故应急措施；	10		
		③对危险源进行建档，重大危险源单独建档管理。	5		

续上表

考评内容	考评要点		分值	考评评价	得分
十一、隐患排查与治理80分	1.隐患排查	①制定隐患排查工作方案,明确排查的目的、范围,选择合适的排查方法;	10		
		②每月至少开展一次安全自查自纠工作,及时发现安全管理缺陷和漏洞,消除安全隐患。检查及处理情况记录在案;	15★★★		
		③对各种安全检查所查出的隐患进行原因分析,制定针对性控制对策。	10		
	2.隐患治理	①制定隐患治理方案,包括目标和任务、方法和措施、经费和物资、机构和人员、时限和要求;	10		
		②对上级检查指出或自我检查发现的一般安全隐患,严格落实防范和整改措施,并组织整改到位;	10		
		③重大安全隐患报相关部门备案,做到整改措施、责任、资金、时限和预案“五到位”;	10★★		
		④建立隐患治理台账和档案,有相关的记录;	5		
		⑤按规定对隐患排查和治理情况进行统计分析,并向有关部门报送。	10		

续上表

考评内容	考评要点		分值	考评评价	得分
十二、职业健康30分	1. 健康管理	①设置或指定职业健康管理机构，配备专（兼）职管理人员；	5		
		②按规定对员工进行职业健康检查。	5		
	2. 工伤保险	①为从事危险作业人员投保意外伤害险。	5★★		
	3. 危害告知	①对从业人员进行职业健康宣传培训。使其了解其作业场所和工作岗位存在的危险因素和职业危害、防范措施和应急处理措施。	5		
	4. 劳动保护	①为从业人员提供符合职业健康要求的工作环境和条件，配备与职业健康保护相适应的设施、工具；	5		
		②对于会造成职业危害的岗位实行轮岗制度，或定期安排员工休假、疗养。	5		
十三、安全文化35分	1. 安全环境	①设立安全文化廊、安全角、黑板报、宣传栏等员工安全文化阵地，每月至少更换两次内容；	5		
		②公开安全生产举报电话号码、通信地址或者电子邮件信箱。对接到的安全生产举报和投诉及时予以调查和处理。	5★★		

续上表

考评内容	考评要点		分值	考评评价	得分
十三、安全文化35分	2. 安全行为	①开展安全承诺活动；	5★		
		②编制安全知识手册，并发放到职工；	5		
		③组织开展安全生产月活动、安全生产竞赛活动，有方案、有总结；	5		
		④对在安全工作中做出显著成绩的集体、个人给予表彰、奖励，并与其经济利益挂钩；	5		
		⑤对安全生产进行检查、评比、考评，总结和交流经验，推广安全生产先进管理方法。	5		
十四、应急救援85分	1. 预案制定	①制定相应的突发事件应急预案，有相应的应急保障措施；	10★★★		
		②结合实际将应急预案分为综合应急预案、专项应急预案和现场处置方案；	5★★		
		③应急预案与当地政府预案保持衔接，报当地有关部门备案，通报有关协作单位；	5		
		④定期评审应急预案，并根据评审结果或实际情况的变化进行修订和完善。	10		
	2. 预案实施	①开展应急预案的宣传教育，普及生产安全事故预防、避险、自救和互救知识；	5		

续上表

考评内容	考评要点		分值	考评评价	得分
十四、应急救援85分	2. 预案实施	②开展应急预案培训活动,使有关人员了解应急预案内容,熟悉应急职责、应急程序和应急处置方案;	5★★★		
		③发生事故后,及时启动应急预案,组织有关力量进行救援,并按照规定将事故信息及应急预案启动情况报告有关部门。	10		
	3. 应急队伍	①建立与本单位安全生产特点相适应的专兼职应急救援队伍,或指定专兼职应急救援人员;	5		
		②组织应急救援人员日常训练。	5		
	4. 应急装备	①按照应急预案的要求配备相应的应急物资及装备;	5		
		②建立应急装备使用状况档案,定期进行检测和维护,使其处于良好状态。	5		
	5. 应急演练	①按照有关规定制定应急预案演练计划,并按计划组织开展应急预案演练;	10★★★		
		②应急预案演练结束后,对应急预案演练效果进行评审,撰写应急预案演练评审报告,分析存在的问题,并对应急预案提出修订意见。	5★		

续上表

考评内容	考评要点		分值	考评评价	得分
十五、事故报告调查处理 50分	1. 事故报告	①发生事故及时进行事故现场处置，按相关规定及时、准确、如实向有关部门报告，没有瞒报、谎报、迟报情况；	10★★★		
		②跟踪事故发展情况，及时续报事故信息，建立事故档案和事故管理台账。	5		
	2. 事故处理	①接到事故报告后，迅速采取有效措施，组织抢救，防止事故扩大，减少人员伤亡和财产损失；	10		
		②发生事故后，按规定成立事故调查组，积极配合各级人民政府组织的事故调查，随时接受事故调查组的询问，如实提供有关情况；	5		
		③按时提交事故调查报告，分析事故原因，落实整改措施；	5		
		④发生事故后，及时召开安全生产分析通报会，对事故当事人的聘用、培训、考评、上岗以及安全管理等情况进行责任倒查；	5		
		⑤按“四不放过”原则严肃查处事故，严格追究责任领导和相关责任人。处理结果报有关部门备案。	10★		

续上表

考评内容	考评要点		分值	考评评价	得分
十六、绩效考核与持续改进35分	1. 绩效评定	①每年至少一次对本单位安全生产标准化的实施情况进行评定,对安全生产工作目标、指标的完成情况进行综合考评。	5		
	2. 持续改进	①提出进一步完善安全标准化的计划和措施,对安全生产目标、指标、管理制度、操作规程等进行修改完善。	10		
	3. 安全管理体系建设	①根据企业生产经营实际,建立相应的安全管理体系,规范安全生产管理,形成长效机制。	20★		

考评员(签名): 年 月 日

八、机动车维修企业安全生产达标考评指标

<table>
<tr><th>考评内容</th><th colspan="2">考评要点</th><th>分值</th><th>考评评价</th><th>得分</th></tr>
<tr><td rowspan="7">一、安全目标35分</td><td rowspan="2">1. 安全工作方针与目标</td><td>①制定企业安全生产方针、目标和不低于上级下达的安全控制指标；</td><td>5★★★</td><td></td><td></td></tr>
<tr><td>②制定实现安全工作方针与目标的措施。</td><td>5</td><td></td><td></td></tr>
<tr><td>2. 中长期规划</td><td>①制定和实施企业安全生产中长期规划和跨年度专项工作方案。</td><td>5★★</td><td></td><td></td></tr>
<tr><td>3. 年度计划</td><td>①根据中长期规划，制定年度计划和年度专项活动方案，并严格执行。</td><td>5</td><td></td><td></td></tr>
<tr><td rowspan="3">4. 目标考核</td><td>①将安全生产管理指标进行细化和分解，制定阶段性的安全生产控制指标；</td><td>5</td><td></td><td></td></tr>
<tr><td>②制定安全生产目标考核与奖惩办法；</td><td>5</td><td></td><td></td></tr>
<tr><td>③定期考核年度安全生产目标完成情况，并奖惩兑现。</td><td>5</td><td></td><td></td></tr>
<tr><td rowspan="3">二、管理机构和人员35分</td><td rowspan="3">1. 安全管理机构</td><td>①成立安全生产委员会（或领导小组），下属各分支机构分别成立相应的领导机构。安委会职责明确，实行主要领导负责制；</td><td>10★★</td><td></td><td></td></tr>
<tr><td>②设置与安全生产相适应的安全生产管理机构；</td><td>10★★★</td><td></td><td></td></tr>
<tr><td>③定期召开安全生产委员会会议。安全生产管理机构和下属各分支机构每月至少召开一次安全工作例会。</td><td>5</td><td></td><td></td></tr>
</table>

续上表

考评内容	考评要点		分值	考评评价	得分
二、管理机构和人员35分	2. 管理人员配备	①按规定足额配备安全生产和应急管理人员。	10★★★		
三、安全责任体系45分	1. 健全责任制	①企业主要负责人、分管领导、全体员工安全职责明确,制定并落实安全生产责任制,层层签订安全生产责任书,并落实到位;	10★★★		
		②主要负责人或实际控制人是安全生产第一责任人,按照安全生产法律法规赋予的职责,对安全生产负全面组织领导、管理责任和法律责任,并履行安全生产的责任和义务;	5		
		③分管安全生产的负责人是安全生产的重要负责人,统筹协调和综合管理企业的安全生产工作,对安全生产负重要管理责任;	5		
		④其他负责人和全体员工实行"一岗双责",对业务范围内的安全生产工作负责;	5		
		⑤安全生产管理机构、各职能部门、生产基层单位的安全职责明确并落实到位。	10		
	2. 责任制考评	①根据安全生产责任进行定期考核和奖惩,公告考评和奖惩情况。	10★★		

续上表

考评内容	考评要点		分值	考评评价	得分
四、法规和安全管理制度70分	1. 资质	①《道路运输经营许可证》、《企业法人营业执照》合法有效,经营范围符合要求。	10★★★		
	2. 法规	①及时识别、获取适用的安全生产法律法规、标准规范;	5		
		②将法规标准和相关要求及时转化为本单位的规章制度,贯彻到各项工作中;	5		
		③将适用的安全生产法律、法规、标准及其他要求及时对从业人员进行宣传和培训。	5		
	3. 安全管理制度	①制定并及时修订安全生产管理制度,包括:1)安全生产责任制;2)安全例会制度;3)文件和档案管理制度;4)安全生产费用提取和使用管理制度;5)设施、设备、货物安全管理制度;6)安全生产培训和教育学习制度;7)安全生产监督检查制度;8)事故统计报告制度;9)安全生产奖惩制度;	10		
		②对从业人员进行安全管理制度的学习和培训。	5		
	4. 岗位安全生产操作规程	①制定并及时修订各岗位的安全生产操作规程,并发放到岗位(职工);	10★★★		
		②对从业人员进行安全操作规程的学习和培训;从业人员严格执行本单位的安全操作规程。	5		

续上表

考评内容	考评要点		分值	考评评价	得分
四、法规和安全管理制度 70分	5.制度执行及档案管理	①执行国家有关安全生产方针、政策、法规及本单位的安全管理制度和操作规程,依据行业特点,制定企业安全生产管理措施;	5		
		②每年至少一次对安全生产法律法规、标准规范、规章制度、操作规程的执行情况进行检查;	5		
		③建立和完善各类台账和档案,并按要求及时报送有关资料和信息。	5★★★		
五、安全投入 50分	1.资金投入	①按规定足额提取安全生产费用;	10★★★		
		②安全生产经费专款专用,保证安全生产投入的有效实施;	15★★		
		③及时投入满足安全生产条件的所需资金。	10		
	2.费用管理	①跟踪、监督安全生产专项经费使用情况;	10		
		②建立安全费用使用台账。	5		
六、装备设施 130分	1.安全设施及管理	①具备满足安全生产需要的场地和设施设备;	10		
		②按规定配足有效的安全防护、环境保护、消防设备设施及器材,并按要求进行定期维护保养;	15★★★		
		③从事危险货物运输车辆维修必须有与其作业内容相适应的专用维修车间、设备设施,并设置明显的指示标识;	10★★★		

续上表

考评内容	考评要点		分值	考评评价	得分
六、装备设施130分	1. 安全设施及管理	④公司有专人负责安全设施、器材的管理,且管理规范;	10		
		⑤设有覆盖安全重点部位视频监控设备,并保持实时监控;	5		
		⑥应急通道、安全出口、消防车通道保证畅通。	10		
	2. 汽车喷烤漆房	①每天进行例检,记录点火延迟等现象;	5		
		②及时清理汽车喷烤漆房内的杂物,并定期清理汽车喷烤漆房烟道;	5		
		③按规定指定专人对汽车喷烤漆房进行管理,并在醒目位置安装负责人基本信息及永久性安全操作、保养文字标志。	5		
	3. 举升机	①按要求建立严格的举升机操作规程和操作流程;	5		
		②定期对举升机进行例检,并按要求进行检查维护,保证技术状态良好。	5		
	4. 特种设备	①应按照《特种设备安全监察条例》、《特种设备质量监督与安全监察规定》及其特种设备相关的《检验规程》等,对特种设备及其安全附件进行定期检验和维护保养;	10★★★		
		②按规定指定专人对特种设备进行管理;	10		
		③按要求规范建立特种设备台账。	5		

续上表

考评内容	考评要点		分值	考评评价	得分
六、装备设施130分	5. 电器设备	①按照国家相关法律法规规范电气安全管理；	10		
		②电气装置周围应留有足够的安全通道和工作空间，应远离易燃、易爆和腐蚀性物品，不得被其他杂物遮盖。	10		
七、科技创新与信息化45分	1. 科技创新及应用	①使用先进的、安全性能可靠的新技术、新工艺、新设备和新材料，优先选购安全、高效、节能的先进设备；	15		
		②组织开展安全生产科技攻关或课题研究。	10		
	2. 科技信息化	①设有安全生产管理系统或平台；	10		
		②设有其他安全监管信息系统。	10		
八、队伍建设90分	1. 培训计划	①制定并实施年度及长期的继续教育培训计划，明确培训内容和年度培训时间。	10		
	2. 宣传教育	①组织开展安全生产的法律、法规和安全生产知识的宣传、教育。	10		
	3. 管理人员	①企业主要负责人和管理人员具备相应安全知识和管理能力，并取得行业主管部门培训合格证；	10★★★		
		②专(兼)职安全管理人员具备专业安全生产管理知识和经验，熟悉各岗位的安全生产业务操作规程，运用专业知识和规章制度开展安全生产管理工作，并保持安全生产管理人员的相对稳定。	15		

续上表

考评内容	考评要点		分值	考评评价	得分
八、队伍建设90分	4. 从业人员培训	①从业人员每年接受再培训，提高从业人员的素质和能力，再培训时间不得少于有关规定学时。未经安全生产培训合格的从业人员，不得上岗作业；	10★★		
		②转岗人员及时进行岗前培训；	10		
		③新技术、新设备投入使用前，对管理和操作人员进行专项培训。	10		
	5. 规范档案	①建立健全安全宣传教育培训考评档案，详细、准确记录培训考评情况；	5		
		②对培训效果进行评审，改进提高培训质量。	10		
九、作业管理140分	1. 现场作业管理	①严格执行操作规程和安全生产作业规定，严禁违章指挥、违章操作、违反劳动纪律，不得占用道路进行车辆维修作业；	10		
		②在下达生产任务的同时，布置安全生产工作要求；	10		
		③工位划分清楚，特殊作业场所（钣金、涂漆等）单独设置，厂区出入口分开设置，若场地条件不允许，应设专人指挥车辆进出；	10		
		④有符合规定的专业技术人员，特种作业人员和从事危险作人员须具备相应资质，并取得相关资格证书；	10★		

续上表

<table>
<tr><th>考评内容</th><th colspan="2">考 评 要 点</th><th>分值</th><th>考评评价</th><th>得分</th></tr>
<tr><td rowspan="7">九、作业管理 140分</td><td rowspan="3">1. 现场作业管理</td><td>⑤指定专人对危险作业进行现场管理,严格执行巡回检查制度,严禁无关人员进入作业区域;</td><td>10</td><td></td><td></td></tr>
<tr><td>⑥制定至少包括下列危险作业的安全监督管理制度,明确责任部门、人员、许可范围、审批程序、许可签发人员等:危险区域动火作业,进入受限空间作业,高处作业,其他危险生产作业;</td><td>10</td><td></td><td></td></tr>
<tr><td>⑦设施设备、生产物料堆放和存储符合相关安全规范和技术要求,易燃易爆有毒物品(如:油漆)单独存放。</td><td>10</td><td></td><td></td></tr>
<tr><td>2. 安全值班</td><td>①制定并落实安全生产值班计划和值班制度,重要时期实行领导到岗带班,有值班记录。</td><td>10</td><td></td><td></td></tr>
<tr><td rowspan="3">3. 相关方管理</td><td>①两个或两个以上单位共用同一设施设备进行生产经营的现场安全生产管理职责明确,并落实到位;</td><td>5</td><td></td><td></td></tr>
<tr><td>②与外来施工(作业)方签订安全协议,明确双方各自的安全责任;</td><td>5</td><td></td><td></td></tr>
<tr><td>③对短期合同工、临时用工、实习人员、外来参观人员、客户及其车辆等进入作业现场有相应的安全管理制度和措施。</td><td>5</td><td></td><td></td></tr>
</table>

续上表

考评内容	考评要点		分值	考评评价	得分
九、作业管理140分	4. 涂漆作业	①在室内进行喷涂作业；	5		
		②设置独立的调漆间；	5		
		③涂漆作业区应设有专用的废水排放及处理设施，采用干打磨工艺的，有粉尘收集装置和除尘设备，并设有通风设备。	5		
	5. 调试作业	①调试工位设置汽车尾气收集净化装置。	5		
	6. 焊接作业	①动用明火作业时，必须办理动火证，并做好动火记录；	5		
		②气瓶不得置于受阳光暴晒、热源辐射及可能受到电击的地方，必须距离实际焊接或切割作业点足够远（一般为5m以上）；	5		
		③乙炔瓶和氧气瓶必须分开存放。	5		
	7. 警示标志	①在存在一定危险因素的作业场所和设备设施，设置明显的安全警示标志，相关场所按交通法律要求设置交通安全标志。	10		
十、危险源辨识与风险控制50分	1. 危险源辨识	①开展本单位危险设施或场所危险源的辨识和确定工作；	10		
		②辨识重大危险源，采取有效防护措施，按规定报有关部门备案。	15★★		

续上表

<table>
<tr><th>考评内容</th><th colspan="2">考 评 要 点</th><th>分值</th><th>考评评价</th><th>得分</th></tr>
<tr><td rowspan="3">十、危险源辨识与风险控制50分</td><td rowspan="3">2. 风险控制</td><td>①及时对作业活动和设备设施进行危险、有害因素识别;</td><td>10</td><td></td><td></td></tr>
<tr><td>②向从业人员如实告知作业场所和工作岗位存在的危险因素、防范措施以及事故应急措施;</td><td>10</td><td></td><td></td></tr>
<tr><td>③对危险源进行建档,重大危险源单独建档管理。</td><td>5</td><td></td><td></td></tr>
<tr><td rowspan="6">十一、隐患排查与治理70分</td><td rowspan="3">1. 隐患排查</td><td>①制定隐患排查工作方案,明确排查的目的、范围,选择合适的排查方法;</td><td>5</td><td></td><td></td></tr>
<tr><td>②每月至少开展一次安全自查自纠工作,及时发现安全管理缺陷和漏洞,消除安全隐患。检查及处理情况应当记录在案;</td><td>10★★★</td><td></td><td></td></tr>
<tr><td>③对各种安全检查所查出的隐患进行原因分析,制定针对性控制对策。</td><td>10</td><td></td><td></td></tr>
<tr><td rowspan="3">2. 隐患治理</td><td>①制定隐患治理方案,包括目标和任务、方法和措施、经费和物资、机构和人员、时限和要求;</td><td>10</td><td></td><td></td></tr>
<tr><td>②对上级检查指出或自我检查发现的一般安全隐患,严格落实防范和整改措施,并组织整改到位;</td><td>10</td><td></td><td></td></tr>
<tr><td>③重大安全隐患报相关部门备案,做到整改措施、责任、资金、时限和预案“五到位”;</td><td>10★★</td><td></td><td></td></tr>
</table>

续上表

考评内容	考评要点		分值	考评评价	得分
十一、隐患排查与治理70分	2.隐患治理	④建立隐患治理台账和档案,有相关的记录;	5		
		⑤按规定对隐患排查和治理情况进行统计分析,并向有关部门报送书面统计分析表。	10		
十二、职业健康35分	1.健康管理	①设置或指定职业健康管理机构,配备专(兼)职管理人员;	5		
		②按规定对员工进行职业健康检查。	5		
	2.工伤保险	①为从事危险作业人员投保意外伤害险。	10★★		
	3.危害告知	①对从业人员进行职业健康宣传培训。使其了解其作业场所和工作岗位存在的危险因素和职业危害、防范措施和应急处理措施。	5		
	4.劳动保护	①为从业人员提供符合职业健康要求的工作环境和条件,配备与职业健康保护相适应的设施、工具;	5		
		②对于会造成职业危害的岗位实行轮岗制度,或定期安排员工休假、疗养。	5		
十三、安全文化35分	1.安全环境	①设立安全文化廊、安全角、黑板报、宣传栏等员工安全文化阵地,每月至少更换两次内容;	5		
		②公开安全生产举报电话号码、通信地址或者电子邮件信箱。对接到的安全生产举报和投诉及时予以调查和处理。	5★★		

续上表

考评内容	考评要点		分值	考评评价	得分
十三、安全文化35分	2. 安全行为	①开展安全承诺活动；	5★		
		②编制安全知识手册，并发放到职工；	5		
		③组织开展安全生产月活动、安全生产竞赛活动，有方案、有总结；	5		
		④对在安全工作中做出显著成绩的集体、个人给予表彰、奖励，并与其经济利益挂钩；	5		
		⑤对安全生产进行检查、评比、考评，总结和交流经验，推广安全生产先进管理方法。	5		
十四、应急救援85分	1. 预案制定	①制定相应的突发事件应急预案，有相应的应急保障措施；	10★★★		
		②结合实际将应急预案分为综合应急预案、专项应急预案和现场处置方案；	5★★		
		③应急预案与当地政府预案保持衔接，报当地有关部门备案，通报有关协作单位；	5		
		④定期评审应急预案，并根据评审结果或实际情况的变化进行修订和完善。	10		
	2. 预案实施	①开展应急预案的宣传教育，普及生产安全事故预防、避险、自救和互救知识；	5		

续上表

考评内容	考评要点		分值	考评评价	得分
十四、应急救援85分	2. 预案实施	②开展应急预案培训活动，使有关人员了解应急预案内容，熟悉应急职责、应急程序和应急处置方案；	5★★★		
		③发生事故后，及时启动应急预案，组织有关力量进行救援，并按照规定将事故信息及应急预案启动情况报告有关部门。	10		
	3. 应急队伍	①建立与本单位安全生产特点相适应的专兼职应急救援队伍，或指定专兼职应急救援人员；	5		
		②组织应急救援人员日常训练。	5		
	4. 应急装备	①按照应急预案的要求配备相应的应急物资及装备；	5		
		②建立应急装备使用状况档案，定期进行检测和维护，使其处于良好状态。	5		
	5. 应急演练	①按照有关规定制定应急预案演练计划，并按计划组织开展应急预案演练；	10★★★		
		②应急预案演练结束后，对应急预案演练效果进行评审，撰写应急预案演练评审报告，分析存在的问题，并对应急预案提出修订意见。	5★		

续上表

考评内容	考评要点		分值	考评评价	得分
十五、事故报告调查处理 50分	1. 事故报告	①发生事故及时进行事故现场处置，按相关规定及时、准确、如实向有关部门报告，没有瞒报、谎报、迟报情况；	10★★★		
		②跟踪事故发展情况，及时续报事故信息，建立事故档案和事故管理台账。	5		
	2. 事故处理	①接到事故报告后，迅速采取有效措施，组织抢救，防止事故扩大，减少人员伤亡和财产损失；	10		
		②发生事故后，按规定成立事故调查组，积极配合各级人民政府组织的事故调查，随时接受事故调查组的询问，如实提供有关情况；	5		
		③按时提交事故调查报告，分析事故原因，落实整改措施；	5		
		④发生事故后，及时召开安全生产分析通报会，对事故当事人的聘用、培训、考评、上岗以及安全管理等情况进行责任倒查；	5		
		⑤按"四不放过"原则严肃查处事故，严格追究责任领导和相关责任人。处理结果报有关部门备案。	10★		

续上表

考评内容	考评要点		分值	考评评价	得分
十六、绩效考核与持续改进35分	1. 绩效评定	①每年至少一次对本单位安全生产标准化的实施情况进行评定，对安全生产工作目标、指标的完成情况进行综合考评。	5		
	2. 持续改进	①提出进一步完善安全标准化的计划和措施，对安全生产目标、指标、管理制度、操作规程等进行修改完善。	10		
	3. 安全管理体系建设	①根据企业生产经营实际，建立相应的安全管理体系，规范安全生产管理，形成长效机制。	20★		

考评员(签名)：　　　　年　月　日

九、汽车客运站安全生产达标考评指标

考评内容	考评要点		分值	考评评价	得分
一、安全目标35分	1. 安全工作方针与目标	①制定企业安全生产方针、目标和不低于上级下达的安全控制指标；	5★★★		
		②制定实现安全工作方针与目标的措施。	5		
	2. 中长期规划	①制定和实施企业安全生产中长期规划和跨年度专项工作方案。	5★★		
	3. 年度计划	①根据中长期规划，制定年度计划和年度专项活动方案，并严格执行。	5		
	4. 目标考核	①将安全生产管理指标进行细化和分解，制定阶段性的安全生产控制指标；	5		
		②制定安全生产目标考核与奖惩办法；	5		
		③定期考核年度安全生产目标完成情况，并奖惩兑现。	5		
二、管理机构和人员40分	1. 安全管理机构	①成立安全生产委员会（或领导小组），下属各分支机构分别成立相应的领导机构。安委会职责明确，实行主要领导负责制；	10★★		
		②按规定设置与安全生产相适应且独立的安全生产管理机构；	15★★★		
		③定期召开安全生产委员会会议。安全生产管理机构和下属各分支机构每月至少召开一次安全工作例会。	5		

续上表

<table>
<tr><th>考评内容</th><th colspan="2">考 评 要 点</th><th>分值</th><th>考评评价</th><th>得分</th></tr>
<tr><td>二、管理机构和人员40分</td><td>2. 管理人员配备</td><td>①按规定足额配备专职安全生产和应急管理人员。</td><td>10★★</td><td></td><td></td></tr>
<tr><td rowspan="6">三、安全责任体系45分</td><td rowspan="5">1. 健全责任制</td><td>①企业主要负责人、分管领导、全体员工安全职责明确,制定并落实安全生产责任制,层层签订安全生产责任书,并落实到位;</td><td>10★★★</td><td></td><td></td></tr>
<tr><td>②主要负责人或实际控制人是安全生产第一责任人,按照安全生产法律法规赋予的职责,对安全生产负全面组织领导、管理责任和法律责任,并履行安全生产的责任和义务;</td><td>5★★</td><td></td><td></td></tr>
<tr><td>③分管安全生产的负责人是安全生产的重要负责人,统筹协调和综合管理企业的安全生产工作,对安全生产负重要管理责任;</td><td>5</td><td></td><td></td></tr>
<tr><td>④其他负责人和全体员工实行“一岗双责”,对业务范围内的安全生产工作负责;</td><td>5</td><td></td><td></td></tr>
<tr><td>⑤安全生产管理机构、各职能部门、生产基层单位的安全职责明确并落实到位。</td><td>10</td><td></td><td></td></tr>
<tr><td>2. 责任制考评</td><td>①根据安全生产责任进行定期考核和奖惩,公告考评和奖惩情况。</td><td>10★★</td><td></td><td></td></tr>
</table>

续上表

考评内容	考评要点		分值	考评评价	得分
四、法规和安全管理制度70分	1.资质	①《道路运输经营许可证》、《企业法人营业执照》合法有效,经营范围符合要求。	5★★★		
	2.法规	①及时识别、获取适用的安全生产法律法规、标准规范;	5		
		②将法规标准和相关要求及时转化为本单位的规章制度,贯彻到各项工作中;	5		
		③执行并落实安全生产法律法规、标准规范;	5		
		④将适用的安全生产法律、法规、标准及其他要求及时对从业人员进行宣传和培训。	5		
	3.安全管理制度	①制定并及时修订安全生产管理制度,包括:1)安全生产责任制;2)安全例会制度;3)文件和档案管理制度;4)安全生产费用提取和使用管理制度;5)设施、设备、货物安全管理制度;6)安全生产培训和教育学习制度;7)安全生产监督检查制度;8)事故统计报告制度;9)安全生产奖惩制度;	10		
		②对从业人员进行安全管理制度的学习和培训。	5		
	4.岗位安全生产操作规程	①制定并及时修订各岗位的安全生产操作规程,并发放到岗位(职工);	10★★★		
		②对从业人员进行安全操作规程的学习和培训;从业人员严格执行本单位的安全操作规程。	5		

续上表

考评内容	考评要点		分值	考评评价	得分
四、法规和安全管理制度70分	5.制度执行及档案管理	①执行国家有关安全生产方针、政策、法规及本单位的安全管理制度和操作规程,依据行业特点,制定企业安全生产管理措施;	5		
		②每年至少一次对安全生产法律法规、标准规范、规章制度、操作规程的执行情况进行检查;	5		
		③建立和完善各类台账和档案,并按要求及时报送有关资料和信息。	5★★★		
五、安全投入50分	1.资金投入	①按规定足额提取安全生产费用;	15★★★		
		②安全生产经费专款专用,保证安全生产投入的有效实施;	15★★		
		③及时投入满足安全生产条件的所需资金;	10		
		④为旅客投保承运人责任险。	5★★		
	2.费用管理	①跟踪、监督安全生产专项经费使用情况。	5		
六、装备设施90分	1.设施	①具备与《汽车客运站级别划分和建设要求》相适应的场地和设施设备;	5★★★		
		②按国家有关规定设置旅客疏散紧急通道,并配足有效的安全消防设备及器材;	15★★★		
		③一级标准客运站配置行包安全检查设备2套,二级标准客运站配置行包安全检查设备1套,并保持设备运行正常;	15★★		

续上表

考评内容	考评要点		分值	考评评价	得分
六、装备设施90分	1. 设施	④设置专门的车辆安全检查场地，配备汽车安全检验台及必要的仪器、设备；	10		
		⑤设有覆盖安全重点部位视频监控设备，并保持实时监控；	10		
		⑥设有专用应急通道，并规范标识。	10		
	2. 装备	①售票厅、候车室、停车场等处设置宣传告示设备、安全警告标志、指示牌、示意图；悬挂安全警示图文、张贴旅客须知、禁运限运物品宣传图、安全宣传画、宣传标语；	10		
		②各种设施、设备维护保养良好。	15		
七、科技创新与信息化50分	1. 科技应用	①设有安全电子门检查系统；	15★★		
		②使用先进的、安全性能可靠的新技术、新工艺、新设备和新材料，优先选购安全、高效、节能的先进设备；	10		
		③设有电子显示设备；	5		
		④设有安全生产管理信息系统。	10★		
	2. 科技创新	①组织开展安全生产科技攻关或课题研究；	5		
		②设有其他安全监管信息系统。	5		

续上表

<table>
<tr><th>考评内容</th><th colspan="2">考 评 要 点</th><th>分值</th><th>考评评价</th><th>得分</th></tr>
<tr><td rowspan="9">八、队伍建设90分</td><td>1. 培训计划</td><td>①制定并实施年度及长期的继续教育培训计划,明确培训内容和年度培训时间。</td><td>10</td><td></td><td></td></tr>
<tr><td>2. 宣传教育</td><td>①组织开展安全生产的法律、法规和安全生产知识的宣传、教育。</td><td>10</td><td></td><td></td></tr>
<tr><td rowspan="2">3. 管理人员</td><td>①企业主要负责人和管理人员具备相应安全知识和管理能力,并取得行业主管部门培训合格证;</td><td>10★★★</td><td></td><td></td></tr>
<tr><td>②专(兼)职安全管理人员具备专业安全生产管理知识和经验,熟悉各岗位的安全生产业务操作规程,运用专业知识和规章制度开展安全生产管理工作,并保持安全生产管理人员的相对稳定。</td><td>15</td><td></td><td></td></tr>
<tr><td rowspan="3">4. 从业人员培训</td><td>①从业人员每年接受再培训,提高从业人员的素质和能力,再培训时间不得少于有关规定学时。未经安全生产培训合格的从业人员,不得上岗作业;</td><td>10★★</td><td></td><td></td></tr>
<tr><td>②转岗人员及时进行岗前培训;</td><td>10</td><td></td><td></td></tr>
<tr><td>③新技术、新设备投入使用前,对管理和操作人员进行专项培训。</td><td>10</td><td></td><td></td></tr>
<tr><td rowspan="2">5. 规范档案</td><td>①建立健全安全宣传教育培训考评档案,详细、准确记录培训考评情况;</td><td>5</td><td></td><td></td></tr>
<tr><td>②对培训效果进行评审,改进提高培训质量。</td><td>10</td><td></td><td></td></tr>
</table>

续上表

考评内容	考评要点		分值	考评评价	得分
九、作业管理200分	1. 现场作业管理	①严格执行操作规程和安全生产作业规定，严禁违章指挥、违章操作、违反劳动纪律。	10		
	2. 安全值班	①制定并落实安全生产值班计划和值班制度，重要时期实行领导到岗带班，有值班记录。	10		
	3. 相关方管理	①明确两个或两个以上单位共用同一设施进行生产经营的安全生产管理职责。	5		
	4. 三品查堵	①制定并落实三品（易燃、易爆、易腐蚀的物品）查堵制度、防止三品进出站上车的有效措施；	10★★★		
		②制定三品检查工作程序，设立专门的三品查堵岗位，配有三品检查员；	5		
		③对进站旅客携带的行李物品和托运行包进行安全检查，对查获的三品要进行登记并按有关规定妥善处理，确保三品不进站。	10★★		
	5. 车辆例检	①制定并落实车辆安全例行检查制度；	5		
		②按规定配备专门的安全例检人员。安全例检人员熟悉客车结构、检验方法和相关技术标准，并经考核合格；	10		
		③《车辆安全例行检查表》填写规范；	5		
		④对检查符合要求的客车，经安全例检人员签字并加盖汽车客运站安全例行检查印章后出具《安全例检合格通知单》。	5		

续上表

考评内容	考评要点		分值	考评评价	得分
九、作业管理200分	6. 车辆出站前检查	①制定并落实车辆出站检查制度。确保超载客车不出站、安全例检不合格客车不出站、驾驶员资格不符合要求不出站、客车证件不齐全不出站，按要求填写《汽车客运站车辆出站登记表》，并经受检客车驾驶员签字确认。未经审核签字不出站；	10★★★		
		②车辆出站前进行检查，主要内容包括：安全例检合格通知单、驾驶证、从业资格证件、行驶证、道路运输证、线路标志牌、核载人数及实载人数等；	10		
		③车辆出站门检必须核查实际载客人数，并签字确认。	5		
	7. 停车场管理	①制定并落实车辆进站管理制度；	5		
		②客运站实行封闭式管理。停车场内区间划分明确，有导航及警示图表。实行车辆进出分道、人车分道，发车区、停车区、上下客区分区管理。确保无关人员不进站（发车区）、无关车辆不进站；	10		
		③停车场内有专人指挥，调度车辆进站发车，疏导旅客，停车整齐规范，人流、车流有序，安全通道畅通。	10		
	8. 站务管理	①与道路旅客运输经营者签订《安全责任协议》，依法明确双方的安全责任；	5		

续上表

考评内容	考评要点		分值	考评评价	得分
九、作业管理200分	8.站务管理	②严格按客车核定人数售票、检票；	10		
		③制定并落实车辆报班制度；	5		
		④调度部门在调度客车发班时，对其《安全例检合格通知单》进行检查；	5		
		⑤因天气、路况等原因影响行车安全时，视情发车或要求停班；	10		
		⑥对行经三级以下道路的客运班线，合理安排发班时间，避免夜间通行；	10		
		⑦客运班次安排科学合理，往返班次有足够的途中作业时间和休息时间；	5		
		⑧班车每日运行里程超过400公里（高速公路直达客运超过600公里）的，按规定要求车辆配备两名以上驾驶员。	15★★★		
	9.警示标志	①存在危险因素的作业场所和设备设施，设置明显的安全警示标志，警示、告知危险种类、后果及应急措施；	5		
		②设备设施检修、施工等作业现场设置警戒区域和警示标志。	5		

续上表

<table>
<tr><th>考评内容</th><th colspan="2">考 评 要 点</th><th>分值</th><th>考评评价</th><th>得分</th></tr>
<tr><td rowspan="5">十、危险源辨识与风险控制35分</td><td rowspan="2">1. 危险源辨识</td><td>①开展本单位危险设施或场所危险源的辨识和确定工作；</td><td>10</td><td></td><td></td></tr>
<tr><td>②辨识重大危险源，采取有效防护措施，按规定报有关部门备案。</td><td>10★★</td><td></td><td></td></tr>
<tr><td rowspan="3">2. 风险控制</td><td>①及时对作业活动和设备设施进行危险、有害因素识别；</td><td>5</td><td></td><td></td></tr>
<tr><td>②向从业人员如实告知作业场所和工作岗位存在的危险因素、防范措施以及事故应急措施；</td><td>5</td><td></td><td></td></tr>
<tr><td>③对危险源进行建档，重大危险源单独建档管理。</td><td>5</td><td></td><td></td></tr>
<tr><td rowspan="4">十一、隐患排查与治理70分</td><td rowspan="3">1. 隐患排查</td><td>①制定隐患排查工作方案，明确排查的目的、范围，选择合适的排查方法；</td><td>10</td><td></td><td></td></tr>
<tr><td>②每月至少开展一次安全自查自纠工作，及时发现安全管理缺陷和漏洞，消除安全隐患。检查及处理情况应当记录在案；</td><td>15★★★</td><td></td><td></td></tr>
<tr><td>③对各种安全检查所查出的隐患进行原因分析，制定针对性控制对策。</td><td>10</td><td></td><td></td></tr>
<tr><td>2. 隐患治理</td><td>①制定隐患治理方案，包括目标和任务、方法和措施、经费和物资、机构和人员、时限和要求；</td><td>5</td><td></td><td></td></tr>
</table>

续上表

考评内容	考评要点		分值	考评评价	得分
十一、隐患排查与治理70分	2. 隐患治理	②对上级检查指出或自我检查发现的一般安全隐患，严格落实防范和整改措施，并组织整改到位；	5		
		③重大安全隐患报相关部门备案，做到整改措施、责任、资金、时限和预案“五到位”；	10★★		
		④建立隐患治理台账和档案，有相关的记录；	5		
		⑤按规定对隐患排查和治理情况进行统计分析，并向有关部门报送。	10		
十二、职业健康20分	1. 健康管理	①设置或指定职业健康管理机构，配备专（兼）职管理人员；	5		
		②按规定对员工进行职业健康检查。	5		
	2. 危害告知	①对从业人员进行职业健康宣传培训。使其了解其作业场所和工作岗位存在的危险因素和职业危害、防范措施和应急处理措施。	5		
	3. 环境与条件	①为从业人员提供符合职业健康要求的工作环境和条件，配备与职业健康保护相适应的设施、工具。	5		
十三、安全文化35分	1. 安全环境	①设立安全文化廊、安全角、黑板报、宣传栏等员工安全文化阵地，每月至少更换一次内容；	5		

续上表

考评内容	考评要点		分值	考评评价	得分
十三、安全文化35分	1. 安全环境	②公开安全生产举报电话号码、通信地址或者电子邮件信箱。对接到的安全生产举报和投诉及时予以调查和处理。	5		
	2. 安全行为	①开展安全承诺活动；	5★		
		②编制安全知识手册，并发放到职工；	5		
		③组织开展安全生产月活动、安全生产竞赛活动，有方案、有总结；	5		
		④对在安全工作中做出显著成绩的集体、个人给予表彰、奖励，并与其经济利益挂钩；	5		
		⑤对安全生产进行检查、评比、考评，总结和交流经验，推广安全生产先进管理方法。	5		
十四、应急救援85分	1. 预案制定	①制定相应的突发事件应急预案，有相应的应急保障措施；	10★★★		
		②结合实际将应急预案分为综合应急预案、专项应急预案和现场处置方案；	5★★		
		③应急预案与当地政府预案保持衔接，报当地有关部门备案，通报有关协作单位；	5		
		④定期评审应急预案，并根据评审结果或实际情况的变化进行修订和完善。	10		

续上表

考评内容	考评要点		分值	考评评价	得分
十四、应急救援85分	2. 预案实施	①开展应急预案的宣传教育，普及生产安全事故预防、避险、自救和互救知识；	5		
		②开展应急预案培训活动，使有关人员了解应急预案内容，熟悉应急职责、应急程序和应急处置方案；	5★★★		
		③发生事故后，及时启动应急预案，组织有关力量进行救援，并按照规定将事故信息及应急预案启动情况报告有关部门。	10		
	3. 应急队伍	①建立与本单位安全生产特点相适应的专兼职应急救援队伍，或指定专兼职应急救援人员；	5		
		②组织应急救援人员日常训练。	5		
	4. 应急装备	①按照应急预案的要求配备相应的应急物资及装备；	5		
		②建立应急装备使用状况档案，定期进行检测和维护，使其处于良好状态。	5		
	5. 应急演练	①按照有关规定制定应急预案演练计划，并按计划组织开展应急预案演练；	10★★★		
		②应急预案演练结束后，对应急预案演练效果进行评审，撰写应急预案演练评审报告，分析存在的问题，并对应急预案提出修订意见。	5★		

续上表

考评内容	考评要点		分值	考评评价	得分
十五、事故报告调查处理 50分	1. 事故报告	①发生事故及时进行事故现场处置，按相关规定及时、准确、如实向有关部门报告，没有瞒报、谎报、迟报情况；	10★★★		
		②跟踪事故发展情况，及时续报事故信息，建立事故档案和事故管理台账。	5		
	2. 事故处理	①接到事故报告后，迅速采取有效措施，组织抢救，防止事故扩大，减少人员伤亡和财产损失；	10		
		②发生事故后，按规定成立事故调查组，积极配合各级人民政府组织的事故调查，随时接受事故调查组的询问，如实提供有关情况；	5		
		③按时提交事故调查报告，分析事故原因，落实整改措施；	5		
		④发生事故后，及时召开安全生产分析通报会，对事故当事人的聘用、培训、考评、上岗以及安全管理等情况进行责任倒查；	5		
		⑤按“四不放过”原则严肃查处事故，严格追究责任领导和相关责任人。处理结果报有关部门备案。	10★		

续上表

考评内容	考评要点		分值	考评评价	得分
十六、绩效考核与持续改进 35分	1. 绩效评定	①每年至少一次对本单位安全生产标准化的实施情况进行评定,对安全生产工作目标、指标的完成情况进行综合考评。	5		
	2. 持续改进	①提出进一步完善安全标准化的计划和措施,对安全生产目标、指标、管理制度、操作规程等进行修改完善。	10		
	3. 安全管理体系建设	①根据企业生产经营实际,建立相应的安全管理体系,规范安全生产管理,形成长效机制。	20★		

评分员(签名):　　　　　　　　　　年　月　日

十、港口客运(滚装码头、渡船渡口)企业安全生产达标考评指标

考评内容	考评要点		分值	考评评价	得分
一、安全目标35分	1. 安全工作方针与目标	①制定企业安全生产方针、目标和不低于上级下达的安全控制指标;	5★★★		
		②制定实现安全工作方针与目标的措施。	5		
	2. 中长期规划	①制定和实施企业安全生产中长期规划和跨年度专项工作方案。	5★★		
	3. 年度计划	①根据中长期规划,制定年度计划和年度专项活动方案,并严格执行。	5		
	4. 目标考核	①将安全生产管理指标进行细化和分解,制定阶段性的安全生产控制指标;	5		
		②制定安全生产目标考核与奖惩办法;	5		
		③定期考核年度安全生产目标完成情况,并奖惩兑现。	5		
二、管理机构和人员40分	1. 安全管理机构	①成立安全生产委员会(或领导小组),下属各分支机构分别成立相应的领导机构。安委会职责明确,实行主要领导负责制;	10★★		
		②按规定设置与企业规模相适应且独立的安全生产管理机构;	15★★★		
		③定期召开安全生产委员会会议。安全生产管理机构和下属各分支机构每月至少召开一次安全工作例会。	5		

续上表

考评内容	考评要点		分值	考评评价	得分
二、管理机构和人员40分	2. 管理人员配备	①按规定足额配备专职安全生产和应急管理人员。	10★★★		
三、安全责任体系45分	1. 健全责任制	①企业主要负责人、分管领导、全体员工安全职责明确,制定并落实安全生产责任制,层层签订安全生产责任书,并落实到位;	10★★★		
		②主要负责人或实际控制人是安全生产第一责任人,按照安全生产法律法规赋予的职责,对安全生产负全面组织领导、管理责任和法律责任,并履行安全生产的责任和义务;	5★★		
		③分管安全生产的负责人是安全生产的重要负责人,统筹协调和综合管理企业的安全生产工作,对安全生产负重要管理责任;	5		
		④其他负责人和全体员工实行"一岗双责",对业务范围内的安全生产工作负责;	5		
		⑤安全生产管理机构、各职能部门、生产基层单位的安全职责明确并落实到位。	10		
	2. 责任制考评	①根据安全生产责任进行定期考核和奖惩,公告考评和奖惩情况。	10★★		
四、法规和安全管理制度70分	1. 资质	①《港口经营许可证》、《企业法人营业执照》合法有效,经营范围符合要求。	5★★★		

续上表

考评内容	考评要点		分值	考评评价	得分
四、法规和安全管理制度70分	2. 法规	①及时识别、获取适用的安全生产法律法规、标准规范；	5		
		②将法规标准和相关要求及时转化为本单位的规章制度，贯彻到各项工作中；	5		
		③执行并落实安全生产法律法规、标准规范；	5		
		④将适用的安全生产法律、法规、标准及其他要求及时对从业人员进行宣传和培训。	5		
	3. 安全管理制度	①制定并及时修订安全生产管理制度，包括：1）安全生产责任制；2）安全例会制度；3）文件和档案管理制度；4）安全生产费用提取和使用管理制度；5）设施、设备、货物安全管理制度；6）安全生产培训和教育学习制度；7）安全生产监督检查制度；8）事故统计报告制度；9）安全生产奖惩制度；	10		
		②对从业人员进行安全管理制度的学习和培训。	5		
	4. 岗位安全生产操作规程	①制定并及时修订各岗位的安全生产操作规程，并发放到岗位（职工）；	10★★★		
		②对从业人员进行安全操作规程的学习和培训；从业人员严格执行本单位的安全操作规程。	5		

续上表

考评内容	考评要点		分值	考评评价	得分
四、法规和安全管理制度 70分	5. 制度执行及档案管理	①执行国家有关安全生产方针、政策、法规及本单位的安全管理制度和操作规程，依据行业特点，制定企业安全生产管理措施；	5		
		②每年至少一次对安全生产法律法规、标准规范、规章制度、操作规程的执行情况进行检查；	5		
		③建立和完善各类台账和档案，并按要求及时报送有关资料和信息。	5★★★		
五、安全投入 45分	1. 资金投入	①按规定足额提取安全生产费用；	10★★★		
		②安全生产经费专款专用，保证安全生产投入的有效实施；	15★★		
		③及时投入满足安全生产条件的所需资金。	10		
	2. 费用管理	①跟踪、监督安全生产专项经费使用情况；	5		
		②建立安全费用使用台账。	5		
六、装备设施 115	1. 设施	①具备满足安全生产需要的建筑、场地和设施设备，并符合相关安全规范和技术要求；	10★★★		
		②按国家有关规定配足有效的安全、消防、救生和环境保护设备及器材；	15★★★		
		③设有覆盖安全重点部位视频监控设备，并保持实时监控；	5		

续上表

考评内容	考评要点		分值	考评评价	得分
六、装备设施115	1. 设施	④按相关规定设置专用应急通道，并规范标识；	10★★★		
		⑤售票厅、候船室、旅客通道等处设置宣传告示设备、安全警告标志、指示牌、示意图；悬挂安全警示图文、张贴旅客须知、禁运限运物品宣传图、安全宣传画、宣传标语。	5		
	2. 设备	①配备满足需要的易燃易爆危险品监测设备，并按要求投入使用；滚装码头安装大型车辆安检设备；	15★		
		②趸船、港作拖轮、起重装卸设备、车辆、压力容器等符合相关安全规范和技术要求，设备及操作人员证书齐全有效；	10		
		③按规定对设施设备定期检验，检验证书合法有效；	5		
		④定期进行维护保养，设备技术状况良好；	10		
		⑤指定专人对特种设备进行管理；	10		
		⑥建立并规范设备管理台账。	5		
	3. 电气安全管理	①按照国家相关法律法规规范码头电气安全管理。	15		

续上表

考评内容	考评要点		分值	考评评价	得分
七、科技创新与信息化55分	1. 科技创新及应用	①使用先进的、安全性能可靠的新技术、新工艺、新设备和新材料,优先选购安全、高效、节能的先进设备;	10		
		②组织开展安全生产科技攻关或课题研究;	10		
		③设有安全生产管理系统或平台;	10		
		④应用现代科技手段,提升安全管理水平。	10		
	2. 科技信息化	①设有电子显示设备;	5		
		②设有其他的安全监管信息系统。	10		
八、队伍建设90分	1. 培训计划	①制定并实施年度及长期的继续教育培训计划,明确培训内容和年度培训时间。	10		
	2. 宣传教育	①组织开展安全生产的法律、法规和安全生产知识的宣传、教育。	10		
	3. 管理人员	①企业主要负责人和管理人员具备相应安全知识和管理能力,并取得行业主管部门培训合格证;	10★★★		
		②专(兼)职安全管理人员具备专业安全生产管理知识和经验,熟悉各岗位的安全生产业务操作规程,运用专业知识和规章制度开展安全生产管理工作,并保持安全生产管理人员的相对稳定。	15		

续上表

考评内容	考评要点		分值	考评评价	得分
八、队伍建设90分	4. 从业人员培训	①从业人员每年接受再培训,提高从业人员的素质和能力,再培训时间不得少于有关规定学时。未经安全生产培训合格的从业人员,不得上岗作业;	10★★		
		②转岗人员及时进行岗前培训;	10		
		③新技术、新设备投入使用前,对管理和操作人员进行专项培训。	10		
	5. 规范档案	①建立健全安全宣传教育培训考评档案,详细、准确记录培训考评情况;	5		
		②对培训效果进行评审,改进提高培训质量。	10		
九、作业管理160分	1. 现场作业管理	①严格执行操作规程和安全生产作业规定,严禁违章指挥、违章操作、违反劳动纪律;	10		
		②具有与经营规模、范围相适应的专业技术人员、管理人员和操作人员,按规定持证上岗;	10★★★		
		③依据港口客运(客滚、货滚、渡船渡口)服务流程,对售票、检票、安检、衡重、丈量、船舶调度等服务环节建立作业指导书,并落实到位;	10		
		④严禁无关人员进入旅客候船上下船及有关作业的场所。	10		

续上表

考评内容	考评要点		分值	考评评价	得分
九、作业管理160分	2. 安全值班	①制定并落实安全生产值班计划和值班制度，重要时期实行领导到岗带班，有值班记录。	5		
	3. 相关方管理	①两个或两个以上单位共用同一设施设备进行生产经营的现场安全生产管理职责明确，并落实到位；	5		
		②对外来施工单位和外来劳务人员有相应的安全管理制度和措施。	5		
	4. 三品查堵	①制定并落实三品（易燃、易爆、易腐蚀的物品）查堵制度、防止三品进港上船的有效措施和三品检查工作程序；	10★★★		
		②设立专门的三品查堵岗位，配有三品检查员；	5		
		③对进站旅客携带的行李物品和托运行包进行安全检查，对查获的三品要进行登记并按有关规定妥善处理，确保三品不携带进入码头；	10★★		
		④建立并规范填写三品查堵工作台账。	5		
	5. 进出港管理	①有严格的进出站安全检查制度和流程，没有超载超员船舶离港；	5★★★		
		②无关船舶没有进入相关水域；	10		
		③有专人指挥，调度船舶进出港，疏导旅客，确保安全通道畅通。	10		

续上表

考评内容	考评要点		分值	考评评价	得分
九、作业管理160分	6.站务管理	①与旅客运输经营者签订《安全责任协议》,依法明确双方的安全责任;	5		
		②按规定定期对码头设备设施、电气线路、消防设施等进行维护保养,特种设备定期进行检测检验;	10★★★		
		③严格按船舶核定人数售票、检票;	5		
		④制定并落实船舶报班制度;	5		
		⑤因天气、水位等原因影响船舶航行安全时,视情发班或要求停班。	10		
	7.警示标志	①在存在危险因素的场所和设备设施,设置明显的安全警示标志,警示、告知危险种类、后果及应急措施;	10★★★		
		②设备设施检修、施工等作业现场设置警戒区域和警示标志。	5		
十、危险源辨识与风险控制45分	1.危险源辨识	①开展本单位危险设施或场所危险源的辨识和确定工作;	10		
		②辨识重大危险源,采取有效防护措施,按规定报有关部门备案。	15★★		

续上表

考评内容	考评要点		分值	考评评价	得分
十、危险源辨识与风险控制45分	2. 风险控制	①及时对作业活动和设备设施进行危险、有害因素识别;	10		
		②向从业人员如实告知作业场所和工作岗位存在的危险因素、防范措施以及事故应急措施;	5		
		③对危险源进行建档,重大危险源单独建档管理。	5		
十一、隐患排查与治理70分	1. 隐患排查	①制定隐患排查工作方案,明确排查的目的、范围,选择合适的排查方法;	10		
		②每月至少开展一次安全自查自纠工作,及时发现安全管理缺陷和漏洞,消除安全隐患。检查及处理情况应当记录在案;	15★★★		
		③对各种安全检查所查出的隐患进行原因分析,制定针对性控制对策。	10		
	2. 隐患治理	①制定隐患治理方案,包括目标和任务、方法和措施、经费和物资、机构和人员、时限和要求;	5		
		②对上级检查指出或自我检查发现的一般安全隐患,严格落实防范和整改措施,并组织整改到位;	5		
		③重大安全隐患报相关部门备案,做到整改措施、责任、资金、时限和预案“五到位”;	10★★		

续上表

考评内容	考评要点		分值	考评评价	得分
十一、隐患排查与治理70分	2. 隐患治理	④建立隐患治理台账和档案,有相关的记录;	5		
		⑤按规定对隐患排查和治理情况进行统计分析,并向有关部门报送。	10		
十二、职业健康25分	1. 健康管理	①设置或指定职业健康管理机构,配备专(兼)职管理人员;	5		
		②按规定对员工进行职业健康检查。	5		
	2. 工伤保险	①为从事危险作业人员投保工伤保险。	5		
	3. 危害告知	①对从业人员进行职业健康宣传培训。使其了解其作业场所和工作岗位存在的危险因素和职业危害、防范措施和应急处理措施。	5		
	4. 环境与条件	①为从业人员提供符合职业健康要求的工作环境和条件,配备与职业健康保护相适应的设施、工具。	5		
十三、安全文化35分	1. 安全环境	①设立安全文化廊、安全角、黑板报、宣传栏等员工安全文化阵地,每月至少更换一次内容;	5		
		②公开安全生产举报电话号码、通信地址或者电子邮件信箱。对接到的安全生产举报和投诉及时予以调查和处理。	5		

续上表

考评内容	考评要点		分值	考评评价	得分
十三、安全文化35分	2. 安全行为	①开展安全承诺活动；	5★		
		②编制安全知识手册，并发放到职工；	5		
		③组织开展安全生产月活动、安全生产竞赛活动，有方案、有总结；	5		
		④对在安全工作中做出显著成绩的集体、个人给予表彰、奖励，并与其经济利益挂钩；	5		
		⑤对安全生产进行检查、评比、考评，总结和交流经验，推广安全生产先进管理方法。	5		
十四、应急救援85分	1. 预案制定	①制定相应的突发事件应急预案，有相应的应急保障措施；	10★★★		
		②结合实际将应急预案分为综合应急预案、专项应急预案和现场处置方案；	5★★		
		③应急预案与当地政府预案保持衔接，报当地有关部门备案，通报有关协作单位；	5		
		④定期评审应急预案，并根据评审结果或实际情况的变化进行修订和完善。	10		
	2. 预案实施	①开展应急预案的宣传教育，普及生产安全事故预防、避险、自救和互救知识；	5		
		②开展应急预案培训活动，使有关人员了解应急预案内容，熟悉应急职责、应急程序和应急处置方案；	5★★★		

续上表

考评内容	考评要点		分值	考评评价	得分
十四、应急救援85分	2. 预案实施	③发生事故后，及时启动应急预案，组织有关力量进行救援，并按照规定将事故信息及应急预案启动情况报告有关部门。	10		
	3. 应急队伍	①建立与本单位安全生产特点相适应的专兼职应急救援队伍，或指定专兼职应急救援人员；	5		
		②组织应急救援人员日常训练。	5		
	4. 应急装备	①按照应急预案的要求配备相应的应急物资及装备；	5		
		②建立应急装备使用状况档案，定期进行检测和维护，使其处于良好状态。	5		
	5. 应急演练	①按照有关规定制定应急预案演练计划，并按计划组织开展应急预案演练；	10★★★		
		②应急预案演练结束后，对应急预案演练效果进行评审，撰写应急预案演练评审报告，分析存在的问题，并对应急预案提出修订意见。	5★		
十五、事故报告调查处理50分	1. 事故报告	①发生事故及时进行事故现场处置，按相关规定及时、准确、如实向有关部门报告，没有瞒报、谎报、迟报情况；	10★★★		
		②跟踪事故发展情况，及时续报事故信息，建立事故档案和事故管理台账。	5		

续上表

考评内容	考评要点		分值	考评评价	得分
十五、事故报告调查处理50分	2. 事故处理	①接到事故报告后,迅速采取有效措施,组织抢救,防止事故扩大,减少人员伤亡和财产损失;	10		
		②发生事故后,按规定成立事故调查组,积极配合各级人民政府组织的事故调查,随时接受事故调查组的询问,如实提供有关情况;	5		
		③按时提交事故调查报告,分析事故原因,落实整改措施;	5		
		④发生事故后,及时召开安全生产分析通报会,对事故当事人的聘用、培训、考评、上岗以及安全管理等情况进行责任倒查;	5		
		⑤按"四不放过"原则严肃查处事故,严格追究责任领导和相关责任人。处理结果报有关部门备案。	10★		
十六、绩效考核与持续改进35分	1. 绩效评定	①每年至少一次对本单位安全生产标准化的实施情况进行评定,对安全生产工作目标、指标的完成情况进行综合考评。	5		
	2. 持续改进	①提出进一步完善安全标准化的计划和措施,对安全生产目标、指标、管理制度、操作规程等进行修改完善。	10		
	3. 安全管理体系建设	①根据企业生产经营实际,建立相应的安全管理体系,规范安全生产管理,形成长效机制。	20★		

考评员(签名):　　　　　　　　　　年　月　日

十一、港口普通货物码头企业安全生产达标考评指标

考评内容	考评要点		分值	考评评价	得分
一、安全目标35分	1. 安全工作方针与目标	①制定企业安全生产方针、目标和不低于上级下达的安全控制指标；	5★★★		
		②制定实现安全工作方针与目标的措施。	5		
	2. 中长期规划	①制定和实施企业安全生产中长期规划和跨年度专项工作方案。	5★★		
	3. 年度计划	①根据中长期规划，制定年度计划和年度专项活动方案，并严格执行。	5		
	4. 目标考核	①将安全生产管理指标进行细化和分解，制定阶段性的安全生产控制指标；	5		
		②制定安全生产目标考核与奖惩办法；	5		
		③定期考核年度安全生产目标完成情况，并奖惩兑现。	5		
二、管理机构和人员35分	1. 安全管理机构	①成立安全生产委员会(或领导小组)，下属各分支机构分别成立相应的领导机构。安委会职责明确，实行主要领导负责制；	10★★		
		②按规定设置与企业规模相适应的安全生产管理机构；	10★★★		
		③定期召开安全生产委员会会议。安全生产管理机构和下属各分支机构每月至少召开一次安全工作例会。	5		

续上表

考评内容	考评要点		分值	考评评价	得分
二、管理机构和人员35分	2. 管理人员配备	①按规定足额配备专职安全生产和应急管理人员。	10★★★		
三、安全责任体系45分	1. 健全责任制	①企业主要负责人、分管领导、全体员工安全职责明确，制定并落实安全生产责任制，层层签订安全生产责任书，并落实到位；	10★★★		
		②主要负责人或实际控制人是安全生产第一责任人，按照安全生产法律法规赋予的职责，对安全生产负全面组织领导、管理责任和法律责任，并履行安全生产的责任和义务；	5★★		
		③分管安全生产的负责人是安全生产的重要负责人，统筹协调和综合管理企业的安全生产工作，对安全生产负重要管理责任；	5		
		④其他负责人和全体员工实行“一岗双责”，对业务范围内的安全生产工作负责；	5		
		⑤安全生产管理机构、各职能部门、生产基层单位的安全职责明确并落实到位。	10		
	2. 责任制考评	①根据安全生产责任进行定期考核和奖惩，公告考评和奖惩情况。	10★★		
四、法规和安全管理制度70分	1. 资质	①《港口经营许可证》、《企业法人营业执照》合法有效，经营范围符合要求。	5★★★		

续上表

考评内容	考评要点		分值	考评评价	得分
四、法规和安全管理制度 70分	2. 法规	①及时识别、获取适用的安全生产法律法规、标准规范；	5		
		②将法规标准和相关要求及时转化为本单位的规章制度，贯彻到各项工作中；	5		
		③执行并落实安全生产法律法规、标准规范；	5		
		④将适用的安全生产法律、法规、标准及其他要求及时对从业人员进行宣传和培训。	5		
	3. 安全管理制度	①制定并及时修订安全生产管理制度，包括：1）安全生产责任制；2）安全例会制度；3）文件和档案管理制度；4）安全生产费用提取和使用管理制度；5）设施、设备、货物安全管理制度；6）安全生产培训和教育学习制度；7）安全生产监督检查制度；8）事故统计报告制度；9）安全生产奖惩制度；	10		
		②对从业人员进行安全管理制度的学习和培训。	5		
	4. 岗位安全生产操作规程	①制定并及时修订各岗位的安全生产操作规程，并发放到岗位（职工）；	10★★★		
		②对从业人员进行安全操作规程的学习和培训；从业人员严格执行本单位的安全操作规程。	5		

续上表

考评内容	考评要点		分值	考评评价	得分
四、法规和安全管理制度 70分	5. 制度执行及档案管理	①执行国家有关安全生产方针、政策、法规及本单位的安全管理制度和操作规程,依据行业特点,制定企业安全生产管理措施;	5		
		②每年至少一次对安全生产法律法规、标准规范、规章制度、操作规程的执行情况进行检查;	5		
		③建立和完善各类台账和档案,并按要求及时报送有关资料和信息。	5★★★		
五、安全投入 45分	1. 资金投入	①按规定足额提取安全生产费用;	10★★★		
		②安全生产经费专款专用,保证安全生产投入的有效实施;	15★★		
		③及时投入满足安全生产条件的所需资金。	10		
	2. 费用管理	①跟踪、监督安全生产专项经费使用情况;	5		
		②建立安全费用使用台账。	5		
六、装备设施 140	1. 设施	①具备满足安全生产需要的建筑、场地和设施设备,并符合相关安全规范和技术要求;	10★★★		
		②按国家有关规定配足有效的安全、消防、救生设备及器材;	15★★★		
		③设有覆盖安全重点部位视频监控设备,并保持实时监控;	10		
		④按规定设有应急通道,并标识清晰;	10★★★		
		⑤按规定设置宣传告示设备、安全警告标志、指示牌。	10		

续上表

考评内容	考评要点		分值	考评评价	得分
六、装备设施140	2. 设备	①集装箱码头配备满足需要的易燃易爆危险品监测设备,并按要求投入使用;	15★		
		②集装箱码头有易燃易爆等危险品检测措施,并有效落实;	10★★★		
		③趸船、港作拖轮、起重装卸设备、车辆、压力容器等符合相关安全规范和技术要求,设备及操作人员证书齐全有效;	10		
		④按规定对设施设备进行定期检验,检验证书合法有效;	10		
		⑤按规定对设施设备进行定期维护保养,设备技术状况良好;	10		
		⑥指定专人对特种设备进行管理;	10		
		⑦建立并规范设备管理台账。	5		
	3. 电气安全管理	①按照国家相关法律法规规范码头电气安全管理。	15		
七、科技创新与信息化55分	1. 科技创新及应用	①使用先进的、安全性能可靠的新技术、新工艺、新设备和新材料,优先选购安全、高效、节能的先进设备;	10		
		②组织开展安全生产科技攻关或课题研究;	10		

续上表

考评内容	考评要点		分值	考评评价	得分
七、科技创新与信息化55分	1. 科技创新及应用	③设有安全生产管理系统或平台；	10		
		④应用现代科技手段，提升安全管理水平。	10		
	2. 科技信息化	①设有电子显示设备；	5		
		②设有其他的安全监管信息系统。	10		
八、队伍建设90分	1. 培训计划	①制定并实施年度及长期的继续教育培训计划，明确培训内容和年度培训时间。	10		
	2. 宣传教育	①组织开展安全生产的法律、法规和安全生产知识的宣传、教育。	10		
	3. 管理人员	①企业主要负责人和管理人员具备相应安全知识和管理能力，并取得行业主管部门培训合格证；	10★★★		
		②专(兼)职安全管理人员具备专业安全生产管理知识和经验，熟悉各岗位的安全生产业务操作规程，运用专业知识和规章制度开展安全生产管理工作，并保持安全生产管理人员的相对稳定。	15		
	4. 从业人员培训	①从业人员每年接受再培训，提高从业人员的素质和能力，再培训时间不得少于有关规定学时。未经安全生产培训合格的从业人员，不得上岗作业；	10★★		
		②转岗人员及时进行岗前培训；	10		
		③新技术、新设备投入使用前，对管理和操作人员进行专项培训。	10		

续上表

考评内容	考评要点		分值	考评评价	得分
八、队伍建设90分	5.规范档案	①建立健全安全宣传教育培训考评档案,详细、准确记录培训考评情况;	5		
		②对培训效果进行评审,改进提高培训质量。	10		
九、作业管理140分	1.现场作业管理	①严格执行操作规程和安全生产作业规定的,严禁违章指挥、违章操作、违反劳动纪律;	10		
		②具有与经营规模、范围相适应的专业技术人员、管理人员和操作人员,按规定持证上岗;	10★★★		
		③在下达生产任务的同时,布置安全工作要求;	10		
		④按规定定期对码头设备设施、电气线路、消防设施等进行维护保养,特种设备定期进行检测检验;	10★★★		
		⑤建立危险作业、临水作业、高处作业、进入受限空间、生产现场动火、临时用电等审批制度,明确责任部门、人员、许可范围、审批程序等,并落实到位;	10		
		⑥指定专人对危险作业进行现场管理。	10★		
	2.安全值班	①制定并落实安全生产值班计划和值班制度,重要时期实行领导到岗带班,有值班记录。	5★★		

续上表

考评内容	考评要点		分值	考评评价	得分
九、作业管理 140分	3. 相关方管理	①两个或两个以上单位共用同一设施设备进行生产经营的现场安全生产管理职责明确,并落实到位;	5		
		②对外发包或出租生产经营项目、场所、设备,对承包承租方进行资质审查;	5		
		③与外来施工(作业)方签订安全协议,明确双方各自的安全责任;	5		
		④对短期合同工、临时用工、实习人员、外来参观人员、客户及其车辆等进入作业现场有相应的安全管理制度和措施。	10		
	4. 装卸作业管理	①按装卸货物种类,制定作业指导书,作业指导书包含安全操作规程;	10		
		②现场作业各工种按作业指导书进行作业,严格遵守岗位操作规程;	10		
		③货物堆放和存储符合相关安全规范和技术要求;	15		
		④建立并规范填写装卸工作台账。	5		
	5. 警示标志	①设置安全警示标志/识,采取安保措施,并严禁无关人员进入作业场所。	10★★★		

续上表

考评内容	考评要点		分值	考评评价	得分
十、危险源辨识与风险控制45分	1. 危险源辨识	①开展本单位危险设施或场所危险源的辨识和确定工作；	10		
		②辨识重大危险源，采取有效防护措施，按规定报有关部门备案。	15★★		
	2. 风险控制	①及时对作业活动和设备设施进行危险、有害因素识别；	10		
		②向从业人员如实告知作业场所和工作岗位存在的危险因素、防范措施以及事故应急措施；	5		
		③对危险源进行建档，重大危险源单独建档管理。	5		
十一、隐患排查与治理70分	1. 隐患排查	①制定隐患排查工作方案，明确排查的目的、范围，选择合适的排查方法；	10		
		②每月至少开展一次安全自查自纠工作，及时发现安全管理缺陷和漏洞，消除安全隐患。检查及处理情况应当记录在案；	15★★★		
		③对各种安全检查所查出的隐患进行原因分析，制定针对性控制对策。	10		
	2. 隐患治理	①制定隐患治理方案，包括目标和任务、方法和措施、经费和物资、机构和人员、时限和要求；	5		

续上表

考评内容	考评要点		分值	考评评价	得分
十一、隐患排查与治理70分	2. 隐患治理	②对上级检查指出或自我检查发现的一般安全隐患,严格落实防范和整改措施,并组织整改到位;	5		
		③重大安全隐患报相关部门备案,做到整改措施、责任、资金、时限和预案“五到位”;	10★★		
		④建立隐患治理台账和档案,有相关的记录;	5		
		⑤按规定对隐患排查和治理情况进行统计分析,并向有关部门报送。	10		
十二、职业健康25分	1. 健康管理	①设置或指定职业健康管理机构,配备专(兼)职管理人员;	5		
		②按规定对员工进行职业健康检查。	5		
	2. 工伤保险	①为从事危险作业人员投保工伤保险。	5		
	3. 危害告知	①对从业人员进行职业健康宣传培训。使其了解其作业场所和工作岗位存在的危险因素和职业危害、防范措施和应急处理措施。	5		
	4. 环境与条件	①为从业人员提供符合职业健康要求的工作环境和条件,配备与职业健康保护相适应的设施、工具。	5		

续上表

考评内容	考评要点		分值	考评评价	得分
十三、安全文化35分	1. 安全环境	①设立安全文化廊、安全角、黑板报、宣传栏等员工安全文化阵地,每月至少更换一次内容;	5		
		②公开安全生产举报电话号码、通信地址或者电子邮件信箱。对接到的安全生产举报和投诉及时予以调查和处理。	5		
	2. 安全行为	①开展安全承诺活动;	5★		
		②编制安全知识手册,并发放到职工;	5		
		③组织开展安全生产月活动、安全生产竞赛活动,有方案、有总结;	5		
		④对在安全工作中做出显著成绩的集体、个人给予表彰、奖励,并与其经济利益挂钩;	5		
		⑤对安全生产进行检查、评比、考评,总结和交流经验,推广安全生产先进管理方法。	5		
十四、应急救援85分	1. 预案制定	①制定相应的突发事件应急预案,有相应的应急保障措施;	10★★★		
		②结合实际将应急预案分为综合应急预案、专项应急预案和现场处置方案;	5★★		
		③应急预案与当地政府预案保持衔接,报当地有关部门备案,通报有关协作单位;	5		
		④定期评审应急预案,并根据评审结果或实际情况的变化进行修订和完善。	10		

续上表

考评内容	考评要点		分值	考评评价	得分
十四、应急救援85分	2. 预案实施	①开展应急预案的宣传教育，普及生产安全事故预防、避险、自救和互救知识；	5		
		②开展应急预案培训活动，使有关人员了解应急预案内容，熟悉应急职责、应急程序和应急处置方案；	5★★★		
		③发生事故后，及时启动应急预案，组织有关力量进行救援，并按照规定将事故信息及应急预案启动情况报告有关部门。	10		
	3. 应急队伍	①建立与本单位安全生产特点相适应的专兼职应急救援队伍，或指定专兼职应急救援人员；	5		
		②组织应急救援人员日常训练。	5		
	4. 应急装备	①按照应急预案的要求配备相应的应急物资及装备；	5		
		②建立应急装备使用状况档案，定期进行检测和维护，使其处于良好状态。	5		
	5. 应急演练	①按照有关规定制定应急预案演练计划，并按计划组织开展应急预案演练；	10★★★		
		②应急预案演练结束后，对应急预案演练效果进行评审，撰写应急预案演练评审报告，分析存在的问题，并对应急预案提出修订意见。	5★		

续上表

考评内容	考评要点		分值	考评评价	得分
十五、事故报告调查处理 50分	1. 事故报告	①发生事故及时进行事故现场处置，按相关规定及时、准确、如实向有关部门报告，没有瞒报、谎报、迟报情况；	10★★★		
		②跟踪事故发展情况，及时续报事故信息，建立事故档案和事故管理台账。	5		
	2. 事故处理	①接到事故报告后，迅速采取有效措施，组织抢救，防止事故扩大，减少人员伤亡和财产损失；	10		
		②发生事故后，按规定成立事故调查组，积极配合各级人民政府组织的事故调查，随时接受事故调查组的询问，如实提供有关情况；	5		
		③按时提交事故调查报告，分析事故原因，落实整改措施；	5		
		④发生事故后，及时召开安全生产分析通报会，对事故当事人的聘用、培训、考评、上岗以及安全管理等情况进行责任倒查；	5		
		⑤按“四不放过”原则严肃查处事故，严格追究责任领导和相关责任人。处理结果报有关部门备案。	10★		

续上表

考评内容	考评要点		分值	考评评价	得分
十六、绩效考核与持续改进35分	1. 绩效评定	①每年至少一次对本单位安全生产标准化的实施情况进行评定，对安全生产工作目标、指标的完成情况进行综合考评。	5		
	2. 持续改进	①提出进一步完善安全标准化的计划和措施，对安全生产目标、指标、管理制度、操作规程等进行修改完善。	10		
	3. 安全管理体系建设	①根据企业生产经营实际，建立相应的安全管理体系，规范安全生产管理，形成长效机制。	20★		

考评员（签名）：　　　　年　月　日

十二、港口危险货物码头企业安全生产达标考评指标

考评内容	考评要点		分值	考评评价	得分
一、安全目标35分	1. 安全工作方针与目标	①制定企业安全生产方针、目标和不低于上级下达的安全控制指标；	5★★★		
		②制定实现安全工作方针与目标的措施。	5		
	2. 中长期规划	①制定和实施企业安全生产中长期规划和跨年度专项工作方案。	5★★		
	3. 年度计划	①根据中长期规划，制定年度计划和年度专项活动方案，并严格执行。	5		
	4. 目标考核	①将安全生产管理指标进行细化和分解，制定阶段性的安全生产控制指标；	5		
		②制定安全生产目标考核与奖惩办法；	5		
		③定期考核年度安全生产目标完成情况，并奖惩兑现。	5		
二、管理机构和人员40分	1. 安全管理机构	①成立安全生产委员会（或领导小组），下属各分支机构分别成立相应的领导机构。安委会职责明确，实行主要领导负责制；	10★★		
		②按规定设置与企业规模相适应且独立的安全生产管理机构；	15★★★		
		③定期召开安全生产委员会会议。安全生产管理机构和下属各分支机构每月至少召开一次安全工作例会。	5		

续上表

考评内容	考评要点		分值	考评评价	得分
二、管理机构和人员40分	2. 管理人员配备	①按规定足额配备专职安全生产和应急管理人员。	10★★★		
三、安全责任体系45分	1. 健全责任制	①企业主要负责人、分管领导、全体员工安全职责明确，制定并落实安全生产责任制，层层签订安全生产责任书，并落实到位；	10★★★		
		②主要负责人或实际控制人是安全生产第一责任人，按照安全生产法律法规赋予的职责，对安全生产负全面组织领导、管理责任和法律责任，并履行安全生产的责任和义务；	5★★		
		③分管安全生产的负责人是安全生产的重要负责人，统筹协调和综合管理企业的安全生产工作，对安全生产负重要管理责任；	5		
		④其他负责人和全体员工实行"一岗双责"，对业务范围内的安全生产工作负责；	5		
		⑤安全生产管理机构、各职能部门、生产基层单位的安全职责明确并落实到位。	10		
	2. 责任制考评	①根据安全生产责任进行定期考核和奖惩，公告考评和奖惩情况。	10★★		

续上表

考评内容	考评要点		分值	考评评价	得分
四、法规和安全管理制度70分	1. 资质	①《港口经营许可证》、《企业法人营业执照》、《危险货物港口作业认可证》合法有效,经营范围符合要求。	5★★★		
	2. 法规	①及时识别、获取适用的安全生产法律法规、标准规范;	5		
		②将法规标准和相关要求及时转化为本单位的规章制度,贯彻到各项工作中;	5		
		③执行并落实安全生产法律法规、标准规范;	5		
		④将适用的安全生产法律、法规、标准及其他要求及时对从业人员进行宣传和培训。	5		
	3. 安全管理制度	①制定并及时修订安全生产管理制度,包括:1)安全生产责任制;2)安全例会制度;3)文件和档案管理制度;4)安全生产费用提取和使用管理制度;5)设施、设备、货物安全管理制度;6)安全生产培训和教育学习制度;7)安全生产监督检查制度;8)事故统计报告制度;9)安全生产奖惩制度;	10		
		②对从业人员进行安全管理制度的学习和培训。	5		

续上表

<table>
<tr><th>考评内容</th><th colspan="2">考 评 要 点</th><th>分值</th><th>考评评价</th><th>得分</th></tr>
<tr><td rowspan="5">四、法规和安全管理制度
70 分</td><td rowspan="2">4. 岗位安全生产操作规程</td><td>①制定并及时修订各岗位的安全生产操作规程,并发放到岗位(职工);</td><td>10★★★</td><td></td><td></td></tr>
<tr><td>②对从业人员进行安全操作规程的学习和培训;从业人员严格执行本单位的安全操作规程。</td><td>5</td><td></td><td></td></tr>
<tr><td rowspan="3">5. 制度执行及档案管理</td><td>①执行国家有关安全生产方针、政策、法规及本单位的安全管理制度和操作规程,依据行业特点,制定企业安全生产管理措施;</td><td>5</td><td></td><td></td></tr>
<tr><td>②每年至少一次对安全生产法律法规、标准规范、规章制度、操作规程的执行情况进行检查;</td><td>5</td><td></td><td></td></tr>
<tr><td>③建立和完善各类台账和档案,并按要求及时报送有关资料和信息。</td><td>5★★★</td><td></td><td></td></tr>
<tr><td rowspan="5">五、安全投入
45 分</td><td rowspan="3">1. 资金投入</td><td>①按规定足额提取安全生产费用;</td><td>10★★★</td><td></td><td></td></tr>
<tr><td>②安全生产经费专款专用,保证安全生产投入的有效实施;</td><td>15★★</td><td></td><td></td></tr>
<tr><td>③及时投入满足安全生产条件的所需资金。</td><td>10</td><td></td><td></td></tr>
<tr><td rowspan="2">2. 费用管理</td><td>①跟踪、监督安全生产专项经费使用情况;</td><td>5</td><td></td><td></td></tr>
<tr><td>②建立安全费用使用台账。</td><td>5</td><td></td><td></td></tr>
</table>

续上表

考评内容	考评要点		分值	考评评价	得分
六、装备设施130分	1. 设施	①具备满足安全生产需要的建筑、场地和设施设备,并符合相关安全规范和技术要求;	10★★★		
		②按国家有关规定配足有效的安全防护、消防、救生设备及器材;	15★★		
		③设有覆盖安全重点部位视频监控设备,并保持实时监控;	5		
		④装卸管线配有扫线装置及系统,扫线介质的选用应保证物料质量和作业安全;	5		
		⑤设置紧急疏散通道;	10★★★		
		⑥按规定设置宣传告示设备、安全警告标志、指示牌。	5		
	2. 设备	①趸船、港作船舶、起重装卸设备、车辆、通信设备、压力容器等符合相关安全规范和技术要求,设备及操作人员证书齐全有效;	10		
		②按规定对设施设备进行定期检验,检验证书合法有效;	10		
		③码头应配备易燃易爆气体、有毒气体检测报警装置或便携式易燃易爆气体、有毒气体检测仪;	5		
		④按规定定期对设施设备维护保养,设备技术状况良好;	10		

续上表

考评内容	考评要点		分值	考评评价	得分
六、装备设施130分	2. 设备	⑤指定专人对特种设备进行管理；	10		
		⑥建立并规范设备管理台账。	5		
	3. 环境保护	①按规定配置足够的防污应急器材，如：围油栏，收油机等，并保持完好状态；	10		
		②配置装载危险化学品气相回流装置。	5		
	4. 电气安全管理	①按照国家相关法律法规规范码头电气安全管理，满足一、二级配电标准。	15		
七、科技创新与信息化55分	1. 科技创新及应用	①使用先进的、安全性能可靠的新技术、新工艺、新设备和新材料，优先选购安全、高效、节能的先进设备；	10		
		②组织开展安全生产科技攻关或课题研究；	10		
		③设有安全生产管理系统或平台；	10		
		④应用现代科技手段，提升安全管理水平。	10		
	2. 科技信息化	①设有电子显示设备；	5		
		②设有其他的安全监管信息系统。	10		
八、队伍建设90分	1. 培训计划	①制定并实施年度及长期的继续教育培训计划，明确培训内容和年度培训时间。	10		

续上表

考评内容	考评要点		分值	考评评价	得分
八、队伍建设 90 分	2. 宣传教育	①组织开展安全生产的法律、法规和安全生产知识的宣传、教育。	10		
	3. 管理人员	①企业主要负责人和管理人员具备相应安全知识和管理能力，并取得行业主管部门培训合格证；	10★★★		
		②专(兼)职安全管理人员具备专业安全生产管理知识和经验，熟悉各岗位的安全生产业务操作规程，运用专业知识和规章制度开展安全生产管理工作，并保持安全生产管理人员的相对稳定。	15		
	4. 从业人员培训	①从业人员每年接受再培训，提高从业人员的素质和能力，再培训时间不得少于有关规定学时。未经安全生产培训合格的从业人员，不得上岗作业；	10★★		
		②转岗人员及时进行岗前培训；	10		
		③新技术、新设备投入使用前，对管理和操作人员进行专项培训。	10		
	5. 规范档案	①建立健全安全宣传教育培训考评档案，详细、准确记录培训考评情况；	10		
		②对培训效果进行评审，改进提高培训质量。	5		

续上表

考评内容	考评要点		分值	考评评价	得分
九、作业管理145分	1. 现场作业管理	①严格执行操作规程和安全生产作业规定，严禁违章指挥、违章操作、违反劳动纪律；	10		
		②具有与经营规模、范围相适应的专业技术人员、管理人员和操作人员，按规定持证上岗；	10★★★		
		③在下达生产任务的同时，布置安全生产工作要求；	5		
		④作业前向港口主管机关进行申报；	5		
		⑤内部及外来从事危险作人员须具备相应资质，并取得相关资格证书；	5		
		⑥制定至少包括下列危险作业的安全监督管理制度，明确责任部门、人员、许可范围、审批程序、许可签发人员等：危险区域动火作业、进入受限空间作业、高处作业、装卸危险品货物作业，其他危险生产作业；	10		
		⑦制定码头建筑、设备设施、电气线路、消防设施维护保养制度，按规定定期进行维护保养，特种设备定期进行检测检验；	10★★★		
		⑧严格执行船岸检查制度，认真落实《船岸安全检查表》的要求，并按协商好的装卸程序进行作业；	5★★★		
		⑨作业场所及设施设备应采用可靠的防雷和防静电接地措施；	5		
		⑩指定专人对危险作业进行现场管理，严格执行巡回检查制度。	10★★		

续上表

考评内容	考评要点		分值	考评评价	得分
九、作业管理145分	2. 安全值班	①制定并落实安全生产值班计划和值班制度，重要时期实行领导到岗带班，有值班记录。	10		
	3. 相关方管理	①两个或两个以上单位共用同一设施设备进行生产经营的现场安全生产管理职责明确，并落实到位；	5		
		②对外发包或出租生产经营项目、场所、设备，对承包承租方进行资质审查；	5		
		③与外来施工（作业）方签订安全协议，明确双方各自的安全责任；	5		
		④对短期合同工、临时用工、实习人员、外来参观人员、客户及其车辆等进入作业现场有相应的安全管理制度和措施。	5		
	4. 装卸作业管理	①按装卸货物种类，制定作业指导书，作业指导书包含安全操作规程；	5		
		②现场作业各工种按作业指导书进行作业，严格遵守岗位操作规程；	10		
		③货物堆放和存储符合相关安全规范和技术要求；	10		
		④建立并规范填写装卸工作台账。	5		
	5. 警示标志	①设置安全警示标志/识，采取措施，严禁无关人员进入作业场所。	10★★★		

续上表

考评内容	考评要点		分值	考评评价	得分
十、危险源辨识与风险控制45分	1. 危险源辨识	①开展本单位危险设施或场所危险源的辨识和确定工作；	10		
		②辨识重大危险源，采取有效防护措施，按规定报有关部门备案。	15★★		
	2. 风险控制	①及时对作业活动和设备设施进行危险、有害因素识别；	10		
		②向从业人员如实告知作业场所和工作岗位存在的危险因素、防范措施以及事故应急措施；	5		
		③对危险源进行建档，重大危险源单独建档管理。	5		
十一、隐患排查与治理70分	1. 隐患排查	①制定隐患排查工作方案，明确排查的目的、范围，选择合适的排查方法；	10		
		②每月至少开展一次安全自查自纠工作，及时发现安全管理缺陷和漏洞，消除安全隐患。检查及处理情况应当记录在案；	15★★★		
		③对各种安全检查所查出的隐患进行原因分析，制定针对性控制对策。	10		
	2. 隐患治理	①制定隐患治理方案，包括目标和任务、方法和措施、经费和物资、机构和人员、时限和要求；	5		

续上表

考评内容	考评要点		分值	考评评价	得分
十一、隐患排查与治理70分	2. 隐患治理	②对上级检查指出或自我检查发现的一般安全隐患，严格落实防范和整改措施，并组织整改到位；	5		
		③重大安全隐患报相关部门备案，做到整改措施、责任、资金、时限和预案“五到位”；	10★★		
		④建立隐患治理台账和档案，有相关的记录；	5		
		⑤按规定对隐患排查和治理情况进行统计分析，并向有关部门报送。	10		
十二、职业健康25分	1. 健康管理	①设置或指定职业健康管理机构，配备专（兼）职管理人员；	5		
		②按规定对员工进行职业健康检查。	5		
	2. 工伤保险	①为从事危险作业人员投保工伤保险。	5		
	3. 危害告知	①对从业人员进行职业健康宣传培训。使其了解其作业场所和工作岗位存在的危险因素和职业危害、防范措施和应急处理措施。	5		
	4. 环境与条件	①为从业人员提供符合职业健康要求的工作环境和条件，配备与职业健康保护相适应的设施、工具。	5		

续上表

考评内容	考评要点		分值	考评评价	得分
十三、安全文化35分	1.安全环境	①设立安全文化廊、安全角、黑板报、宣传栏等员工安全文化阵地,每月至少更换一次内容;	5		
		②公开安全生产举报电话号码、通信地址或者电子邮件信箱。对接到的安全生产举报和投诉及时予以调查和处理。	5		
	2.安全行为	①开展安全承诺活动;	5★		
		②编制安全知识手册,并发放到职工;	5		
		③组织开展安全生产月活动、安全生产竞赛活动,有方案、有总结;	5		
		④对在安全工作中做出显著成绩的集体、个人给予表彰、奖励,并与其经济利益挂钩;	5		
		⑤对安全生产进行检查、评比、考评,总结和交流经验,推广安全生产先进管理方法。	5		
十四、应急救援85分	1.预案制定	①制定相应的突发事件应急预案,有相应的应急保障措施;	10★★★		
		②结合实际将应急预案分为综合应急预案、专项应急预案和现场处置方案;	5★★		
		③应急预案与当地政府预案保持衔接,报当地有关部门备案,通报有关协作单位;	5		
		④定期评审应急预案,并根据评审结果或实际情况的变化进行修订和完善。	10		

续上表

考评内容	考评要点		分值	考评评价	得分
十四、应急救援85分	2.预案实施	①开展应急预案的宣传教育，普及生产安全事故预防、避险、自救和互救知识；	5		
		②开展应急预案培训活动，使有关人员了解应急预案内容，熟悉应急职责、应急程序和应急处置方案；	5★★★		
		③发生事故后，及时启动应急预案，组织有关力量进行救援，并按照规定将事故信息及应急预案启动情况报告有关部门。	10		
	3.应急队伍	①建立与本单位安全生产特点相适应的专兼职应急救援队伍，或指定专兼职应急救援人员；	5		
		②组织应急救援人员日常训练。	5		
	4.应急装备	①按照应急预案的要求配备相应的应急物资及装备；	5		
		②建立应急装备使用状况档案，定期进行检测和维护，使其处于良好状态。	5		
	5.应急演练	①按照有关规定制定应急预案演练计划，并按计划组织开展应急预案演练；	10★★★		
		②应急预案演练结束后，对应急预案演练效果进行评审，撰写应急预案演练评审报告，分析存在的问题，并对应急预案提出修订意见。	5★		

续上表

考评内容	考评要点		分值	考评评价	得分
十五、事故报告调查处理 50分	1. 事故报告	①发生事故及时进行事故现场处置,按相关规定及时、准确、如实向有关部门报告,没有瞒报、谎报、迟报情况;	10★★★		
		②跟踪事故发展情况,及时续报事故信息,建立事故档案和事故管理台账。	5		
	2. 事故处理	①接到事故报告后,迅速采取有效措施,组织抢救,防止事故扩大,减少人员伤亡和财产损失;	10		
		②发生事故后,按规定成立事故调查组,积极配合各级人民政府组织的事故调查,随时接受事故调查组的询问,如实提供有关情况;	5		
		③按时提交事故调查报告,分析事故原因,落实整改措施;	5		
		④发生事故后,及时召开安全生产分析通报会,对事故当事人的聘用、培训、考评、上岗以及安全管理等情况进行责任倒查;	5		
		⑤按“四不放过”原则严肃查处事故,严格追究责任领导和相关责任人。处理结果报有关部门备案。	10★		

续上表

考评内容	考评要点		分值	考评评价	得分
十六、绩效考核与持续改进35分	1. 绩效评定	①每年至少一次对本单位安全生产标准化的实施情况进行评定，对安全生产工作目标、指标的完成情况进行综合考评。	5		
	2. 持续改进	①提出进一步完善安全标准化的计划和措施，对安全生产目标、指标、管理制度、操作规程等进行修改完善。	10		
	3. 安全管理体系建设	①根据企业生产经营实际，建立相应的安全管理体系，规范安全生产管理，形成长效机制。	20★		

考评员(签名)：　　　　年　　月　　日

十三、水路旅客运输企业安全生产达标考评指标

考评内容	考评要点		分值	考评评价	得分
一、安全目标35分	1. 安全工作方针与目标	①制定企业安全生产方针、目标和不低于上级下达的安全控制指标；	5★★★		
		②制定实现安全工作方针与目标的措施。	5		
	2. 中长期规划	①制定和实施企业安全生产中长期规划和跨年度专项工作方案。	5★★		
	3. 年度计划	①根据中长期规划，制定年度计划和年度专项活动方案，并严格执行。	5		
	4. 目标考核	①将安全生产管理指标进行细化和分解，制定阶段性的安全生产控制指标；	5		
		②制定安全生产目标考核与奖惩办法；	5		
		③定期考核年度安全生产目标完成情况，并奖惩兑现。	5		
二、管理机构和人员40分	1. 安全管理机构	①成立安全生产委员会（或领导小组），下属各分支机构分别成立相应的领导机构。安委会职责明确，实行主要领导负责制；	10★★		
		②按规定设置与企业规模相适应且独立的安全生产管理机构；	10★★★		
		③定期召开安全生产委员会会议。安全生产管理机构和下属各分支机构每月至少召开一次安全工作例会。	5		

续上表

<table>
<tr><th>考评内容</th><th colspan="2">考 评 要 点</th><th>分值</th><th>考评评价</th><th>得分</th></tr>
<tr><td rowspan="2">二、管理机构和人员40分</td><td rowspan="2">2. 管理人员配备</td><td>①按规定足额配备专职安全生产和应急管理人员；</td><td>10★★★</td><td></td><td></td></tr>
<tr><td>②公司领导层设置专职海务和机务负责人。</td><td>5★★</td><td></td><td></td></tr>
<tr><td rowspan="6">三、安全责任体系45分</td><td rowspan="5">1. 健全责任制</td><td>①企业主要负责人、分管领导、全体员工安全职责明确，制定并落实安全生产责任制，层层签订安全生产责任书，并落实到位；</td><td>10★★★</td><td></td><td></td></tr>
<tr><td>②主要负责人或实际控制人是安全生产第一责任人，按照安全生产法律法规赋予的职责，对安全生产负全面组织领导、管理责任和法律责任，并履行安全生产的责任和义务；</td><td>5★★</td><td></td><td></td></tr>
<tr><td>③分管安全生产的负责人是安全生产的重要负责人，统筹协调和综合管理企业的安全生产工作，对安全生产负重要管理责任；</td><td>5</td><td></td><td></td></tr>
<tr><td>④其他负责人和全体员工实行“一岗双责”，对业务范围内的安全生产工作负责；</td><td>5</td><td></td><td></td></tr>
<tr><td>⑤安全生产管理机构、各职能部门、生产基层单位的安全职责明确并落实到位。</td><td>10</td><td></td><td></td></tr>
<tr><td>2. 责任制考评</td><td>①根据安全生产责任进行定期考核和奖惩，公告考评和奖惩情况。</td><td>10★★</td><td></td><td></td></tr>
</table>

续上表

<table>
<tr><th>考评内容</th><th colspan="2">考评要点</th><th>分值</th><th>考评评价</th><th>得分</th></tr>
<tr><td rowspan="10">四、法规和安全管理制度70分</td><td>1. 资质</td><td>①《水路运输许可证》、《企业法人营业执照》合法有效,经营范围符合要求。</td><td>5★★★</td><td></td><td></td></tr>
<tr><td rowspan="4">2. 法规</td><td>①及时识别、获取适用的安全生产法律法规、标准规范;</td><td>5</td><td></td><td></td></tr>
<tr><td>②将法规标准和相关要求及时转化为本单位的规章制度,贯彻到各项工作中;</td><td>5</td><td></td><td></td></tr>
<tr><td>③执行并落实安全生产法律法规、标准规范;</td><td>5</td><td></td><td></td></tr>
<tr><td>④将适用的安全生产法律、法规、标准及其他要求及时对从业人员进行宣传和培训。</td><td>5</td><td></td><td></td></tr>
<tr><td rowspan="2">3. 安全管理制度</td><td>①制定并及时修订安全生产管理制度,包括:1)安全生产责任制;2)安全例会制度;3)文件和档案管理制度;4)安全生产费用提取和使用管理制度;5)设施、设备、货物安全管理制度;6)安全生产培训和教育学习制度;7)安全生产监督检查制度;8)事故统计报告制度;9)安全生产奖惩制度;</td><td>10</td><td></td><td></td></tr>
<tr><td>②对从业人员进行安全管理制度的学习和培训。</td><td>5</td><td></td><td></td></tr>
<tr><td rowspan="2">4. 岗位安全生产操作规程</td><td>①制定并及时修订各岗位的安全生产操作规程,并发放到岗位(职工);</td><td>10★★★</td><td></td><td></td></tr>
<tr><td>②对从业人员进行安全操作规程的学习和培训;从业人员严格执行本单位的安全操作规程。</td><td>5</td><td></td><td></td></tr>
</table>

续上表

考评内容	考评要点		分值	考评评价	得分
四、法规和安全管理制度 70分	5. 制度执行及档案管理	①执行国家有关安全生产方针、政策、法规及本单位的安全管理制度和操作规程，依据行业特点，制定企业安全生产管理措施；	5		
		②每年至少一次对安全生产法律法规、标准规范、规章制度、操作规程的执行情况进行检查；	5		
		③建立和完善各类台账和档案，并按要求及时报送有关资料和信息。	5★★★		
五、安全投入 45分	1. 资金投入	①按规定足额提取安全生产费用；	10★★★		
		②安全生产经费专款专用，保证安全生产投入的有效实施；	10★★		
		③及时投入满足安全生产条件的所需资金；	10		
		④为旅客投保承运人责任险。	5★★★		
	2. 费用管理	①跟踪、监督安全生产专项经费使用情况；	5		
		②建立安全费用使用台账。	5		
六、装备设施 100分	1. 设备设施管理	①安全生产设施设备符合有关规定，并保证齐全、完好，没有随意改动；	10		
		②船舶建造和修理符合法定检验规范，各类证书齐全、有效；	5★★★		
		③建有船舶设备设施维护保养制度和定期维护保养计划，并得到落实，船舶设施设备技术状况良好；	10★★★		

续上表

考评内容	考评要点		分值	考评评价	得分
六、装备设施100分	1. 设备设施管理	④标识船舶关键性设备(至少包括主机、发电机和船舶电站、舵机、锚机、消防救生设备、防污设备等),并定期检测或进行效用试验,工况良好,各项记录齐全;	10		
		⑤船舶设备设施管理,船舶技术资料、图纸台账齐全,记录完整。	5★★★		
		⑥设有覆盖安全重点部位视频监控设备,并保持实时监控;	5★★		
		⑦客舱设置应急通道,并标识清晰。	10★★★		
	2. 安全防护设施设备	①按国家有关规定配足有效的安全、消防、救生和环境保护设备及器材;	15★★★		
		②各安全、消防、救生和环境保护设施设备标识清晰,指定专人管理,并进行定期检测、检验,记录完整。	10		
	3. 通导设备管理	①按规定为船舶配备雷达、GPS、VHF、AIS、罗经等通航辅助设备,工作正常,记录完整。	5		
	4. 备件物料工属具管理	①建有船舶备件、物料、工属具配备管理制度,船舶耗常用备件、物料配备齐全。	5		
	5. 电气安全管理	①按照国家相关法律法规规范船舶电气安全管理。	10		

续上表

考评内容	考评要点		分值	考评评价	得分
七、科技与信息化 55 分	1. 科技创新及应用	①使用先进的、安全性能可靠的新技术、新工艺、新设备和新材料，优先选购安全、高效、节能的先进设备；	10		
		②组织开展安全生产科技攻关或课题研究；	10		
		③设有安全生产管理系统或平台；	10		
		④应用现代科技手段，提升安全管理水平。	10		
	2. 科技信息化	①设有电子显示设备；	5		
		②设有其他的安全监管信息系统。	10		
八、队伍建设 90 分	1. 培训计划	①制定并实施年度及长期的继续教育培训计划，明确培训内容和年度培训时间。	10		
	2. 宣传教育	①组织开展安全生产的法律、法规和安全生产知识的宣传、教育。	10		
	3. 管理人员	①企业主要负责人和管理人员具备相应安全知识和管理能力，并取得行业主管部门培训合格证；	10★★★		
		②专（兼）职安全管理人员具备专业安全生产管理知识和经验，熟悉各岗位的安全生产业务操作规程，运用专业知识和规章制度开展安全生产管理工作，并保持安全生产管理人员的相对稳定。	15		

续上表

考评内容	考评要点		分值	考评评价	得分
八、队伍建设90分	4. 从业人员培训	①从业人员每年接受再培训，提高从业人员的素质和能力，再培训时间不得少于有关规定学时。未经安全生产培训合格的从业人员，不得上岗作业；	10★★		
		②转岗人员及时进行岗前培训；	10		
		③新技术、新设备投入使用前，对管理和操作人员进行专项培训。	10		
	5. 规范档案	①建立健全安全宣传教育培训考评档案，详细、准确记录培训考评情况；	10		
		②对培训效果进行评审，改进提高培训质量。	5		
九、作业管理175分	1. 现场作业管理	①严格执行操作规程和安全生产作业规定，严禁违章指挥、违章操作、违反劳动纪律；	5		
		②具有与经营规模、范围相适应的专业技术人员、管理人员和操作人员，按规定持证上岗，船员持相应、有效的《船员证书》和对应船种特殊培训证书；	10★★★		
		③严禁无关人员进入影响船舶航行安全的工作区域；	5		
		④制定至少包括下列危险作业的安全监督管理制度，明确责任部门、人员、许可范围、审批程序、许可签发人员等：危险区域动火作业；进入受限空间作业；高处作业；装卸危险品货物作业；其他危险生产作业；	5		

续上表

考评内容	考评要点		分值	考评评价	得分
九、作业管理175分	1. 现场作业管理	⑤制定船舶防碰、防风、防雾、防触礁、防搁浅、防火防爆、防人员落水、防污染，靠（离）泊作业、过闸、过桥，以及通过危险航段和船舶求助作业等关键性操作措施，并严格实施；	10★★★		
		⑥船舶航行日志、轮机日志、车钟记录、油类记录簿、垃圾记录、客运记录等台账记录完整、规范，符合规定。	5★★★		
	2. 安全值班	①建有船舶航行值班制度，交接班制度，停泊值班制度，开航前安全检查制度，轮、驾两部联系制度，机舱巡回检查制度，航次作业会议制度，并贯彻落实；	5★★★		
		②重要时期实行领导到岗带班，有值班记录。	5		
	3. 相关方管理	①制定经营相关方、外来参观、学习等人员安全管理制度，明确安全职责和可能接触到的危害，告知应急避险知识。	5		
	4. 旅客安全管理	①制定旅客安全检查制度，客舱安全巡查制度，旅客上下船安全操作程序，采取措施严防违禁物品上船，并指定专人进行旅客安全巡查和管理；	10		
		②船舶实行安全告知，制定旅客安全告知制度，定时向旅客宣传消防救生和水上安全知识，防污染知识；	5★★★		
		③建有旅客食品卫生安全管理制度，旅客传染病、疫情报告与控制管理制度，及时报告和处理疫情和病员；	5		
		④旅客应急通道畅通。	5		

续上表

考评内容	考评要点		分值	考评评价	得分
九、作业管理175分	5. 进出港作业管理	①严格执行船舶靠离码头及锚泊作业安全规范；	5		
		②严格按核定人数载客运行,无超载、超员等违反运输规定的行为。	10★★★		
	6. 消防管理	①建立防火安全管理制度、船舶使用明火作业申报制度,并贯彻落实；	5		
		②制定固定灭火系统安全操作程序；	5		
		③客舱区张贴消防安全须知,客房有消防安全提示；	5		
		④定期开展消防安全检查,统计分析消防工作现状,完善消防工作措施；	5		
		⑤船舶配有火灾应急应变部署表、船舶防火控制图；	5		
		⑥消防器材定期检测保养,状态良好,放置合理。	10		
	7. 防污染管理	①制定船舶防油污染应急计划,并得到主管机关批准；	5		
		②制定垃圾管理制度,实行分类收集存放管理；	5		
		③防污染设备设施齐全,建有使用维护管理制度；	10		
		④制定加装燃润油和油污水、生活污水处理程序,并严格执行；	15		
		⑤油类记录和生活垃圾处理记录齐全。	5		

续上表

考评内容	考评要点		分值	考评评价	得分
九、作业管理175分	8. 警示标志	①在存在危险因素的作业场所和设备设施，设置明显的安全警示标志，警示、告知危险种类、后果及应急措施。	5		
十、危险源辨识与风险控制45分	1. 危险源辨识	①开展本单位危险设施或场所危险源的辨识和确定工作；	10		
		②辨识重大危险源，采取有效防护措施，按规定报有关部门备案。	15★★		
	2. 风险控制	①及时对作业活动和设备设施进行危险、有害因素识别；	10		
		②向从业人员如实告知作业场所和工作岗位存在的危险因素、防范措施以及事故应急措施；	5		
		③对危险源进行建档，重大危险源单独建档管理。	5		
十一、隐患排查与治理70分	1. 隐患排查	①制定隐患排查工作方案，明确排查的目的、范围，选择合适的排查方法；	10		
		②每月至少开展一次安全自查自纠工作，及时发现安全管理缺陷和漏洞，消除安全隐患。检查及处理情况应当记录在案；	15★★★		
		③对各种安全检查所查出的隐患进行原因分析，制定针对性控制对策。	10		

续上表

考评内容	考评要点		分值	考评评价	得分
十一、隐患排查与治理70分	2. 隐患治理	①制定隐患治理方案,包括目标和任务、方法和措施、经费和物资、机构和人员、时限和要求;	5		
		②对上级检查指出或自我检查发现的一般安全隐患,严格落实防范和整改措施,并组织整改到位;	5		
		③重大安全隐患报相关部门备案,做到整改措施、责任、资金、时限和预案"五到位";	10★★		
		④建立隐患治理台账和档案,有相关的记录;	5		
		⑤按规定对隐患排查和治理情况进行统计分析,并向有关部门报送。	10		
十二、职业健康25分	1. 健康管理	①设置或指定职业健康管理机构,配备专(兼)职管理人员;	5		
		②按规定对员工进行职业健康检查。	5		
	2. 工伤保险	①为从事危险作业人员投保工伤保险。	5		
	3. 危害告知	①对从业人员进行职业健康宣传培训。使其了解其作业场所和工作岗位存在的危险因素和职业危害、防范措施和应急处理措施。	5		
	4. 环境与条件	①为从业人员提供符合职业健康要求的工作环境和条件,配备与职业健康保护相适应的设施、工具。	5		

续上表

考评内容	考评要点		分值	考评评价	得分
十三、安全文化35分	1. 安全环境	①设立安全文化廊、安全角、黑板报、宣传栏等员工安全文化阵地,每月至少更换一次内容;	5		
		②公开安全生产举报电话号码、通信地址或者电子邮件信箱。对接到的安全生产举报和投诉及时予以调查和处理。	5		
	2. 安全行为	①开展安全承诺活动;	5★		
		②编制旅客运输安全知识手册,并发放到职工;	5		
		③组织开展安全生产月活动、安全生产竞赛活动,有方案、有总结;	5		
		④对在安全工作中做出显著成绩的集体、个人给予表彰、奖励,并与其经济利益挂钩;	5		
		⑤对安全生产进行检查、评比、考评,总结和交流经验,推广安全生产先进管理方法。	5		
十四、应急救援85分	1. 预案制定	①制定相应的突发事件应急预案,有相应的应急保障措施;	10★★★		
		②结合实际将应急预案分为综合应急预案、专项应急预案和现场处置方案;	5★★		
		③应急预案与当地政府预案保持衔接,报当地有关部门备案,通报有关协作单位;	5		
		④定期评审应急预案,并根据评审结果或实际情况的变化进行修订和完善。	10		

续上表

考评内容	考评要点		分值	考评评价	得分
十四、应急救援85分	2. 预案实施	①开展应急预案的宣传教育，普及生产安全事故预防、避险、自救和互救知识；	5		
		②开展应急预案培训活动，使有关人员了解应急预案内容，熟悉应急职责、应急程序和应急处置方案；	5★★★		
		③发生事故后，及时启动应急预案，组织有关力量进行救援，并按照规定将事故信息及应急预案启动情况报告有关部门。	10		
	3. 应急队伍	①建立与本单位安全生产特点相适应的专兼职应急救援队伍，或指定专兼职应急救援人员；	5		
		②组织应急救援人员日常训练。	5		
	4. 应急装备	①按照应急预案的要求配备相应的应急物资及装备；	5		
		②建立应急装备使用状况档案，定期进行检测和维护，使其处于良好状态。	5		
	5. 应急演练	①按照有关规定制定应急预案演练计划，并按计划组织开展应急预案演练；	10★★★		
		②应急预案演练结束后，对应急预案演练效果进行评审，撰写应急预案演练评审报告，分析存在的问题，并对应急预案提出修订意见。	5★		

续上表

考评内容	考评要点		分值	考评评价	得分
十五、事故报告调查处理 50分	1. 事故报告	①发生事故及时进行事故现场处置，按相关规定及时、准确、如实向有关部门报告，没有瞒报、谎报、迟报情况；	10★★★		
		②跟踪事故发展情况，及时续报事故信息，建立事故档案和事故管理台账。	5		
	2. 事故处理	①接到事故报告后，迅速采取有效措施，组织抢救，防止事故扩大，减少人员伤亡和财产损失；	10		
		②发生事故后，按规定成立事故调查组，积极配合各级人民政府组织的事故调查，随时接受事故调查组的询问，如实提供有关情况；	5		
		③按时提交事故调查报告，分析事故原因，落实整改措施；	5		
		④发生事故后，及时召开安全生产分析通报会，对事故当事人的聘用、培训、考评、上岗以及安全管理等情况进行责任倒查；	5		
		⑤按“四不放过”原则严肃查处事故，严格追究责任领导和相关责任人。处理结果报有关部门备案。	10★		

续上表

考评内容	考评要点		分值	考评评价	得分
十六、绩效考核与持续改进35分	1. 绩效评定	①每年至少一次对本单位安全生产标准化的实施情况进行评定，对安全生产工作目标、指标的完成情况进行综合考评。	5		
	2. 持续改进	①提出进一步完善安全标准化的计划和措施，对安全生产目标、指标、管理制度、操作规程等进行修改完善。	10		
	3. 安全管理体系建设	①根据企业生产经营实际，建立相应的安全管理体系，规范安全生产管理，形成长效机制。	20★		

考评员（签名）：　　　　年　月　日

十四、水路普通货物运输企业安全生产达标考评指标

考评内容	考评要点		分值	考评评价	得分
一、安全目标35分	1. 安全工作方针与目标	①制定企业安全生产方针、目标和不低于上级下达的安全控制指标；	5★★★		
		②制定实现安全工作方针与目标的措施。	5		
	2. 中长期规划	①制定和实施企业安全生产中长期规划和跨年度专项工作方案。	5★★		
	3. 年度计划	①根据中长期规划，制定年度计划和年度专项活动方案，并严格执行。	5		
	4. 目标考核	①将安全生产管理指标进行细化和分解，制定阶段性的安全生产控制指标；	5		
		②制定安全生产目标考核与奖惩办法；	5		
		③定期考核年度安全生产目标完成情况，并奖惩兑现。	5		
二、管理机构和人员40分	1. 安全管理机构	①成立安全生产委员会（或领导小组），下属各分支机构分别成立相应的领导机构。安委会职责明确，实行主要领导负责制；	10★★		
		②按规定设置与企业规模相适应的安全生产管理机构；	10★★★		
		③定期召开安全生产委员会会议。安全生产管理机构和下属各分支机构每月至少召开一次安全工作例会。	5		

续上表

考评内容	考评要点		分值	考评评价	得分
二、管理机构和人员40分	2. 管理人员配备	①按规定足额配备专职安全生产和应急管理人员；	10★★★		
		②公司领导班子设置专职海务和机务负责人。	5★★★		
三、安全责任体系45分	1. 健全责任制	①企业主要负责人、分管领导、全体员工安全职责明确，制定并落实安全生产责任制，层层签订安全生产责任书，并落实到位；	10★★★		
		②主要负责人或实际控制人是安全生产第一责任人，按照安全生产法律法规赋予的职责，对安全生产负全面组织领导、管理责任和法律责任，并履行安全生产的责任和义务；	5★★		
		③分管安全生产的负责人是安全生产的重要负责人，统筹协调和综合管理企业的安全生产工作，对安全生产负重要管理责任；	5		
		④其他负责人和全体员工实行“一岗双责”，对业务范围内的安全生产工作负责；	5		
		⑤安全生产管理机构、各职能部门、生产基层单位的安全职责明确并落实到位。	10		
	2. 责任制考评	①根据安全生产责任进行定期考核和奖惩，公告考评和奖惩情况。	10★★		

续上表

考评内容	考评要点		分值	考评评价	得分
四、法规和安全管理制度 70分	1. 资质	①《水路运输许可证》、《企业法人营业执照》合法有效,经营范围符合要求。	5★★★		
	2. 法规	①及时识别、获取适用的安全生产法律法规、标准规范;	5		
		②将法规标准和相关要求及时转化为本单位的规章制度,贯彻到各项工作中;	5		
		③执行并落实安全生产法律法规、标准规范;	5		
		④将适用的安全生产法律、法规、标准及其他要求及时对从业人员进行宣传和培训。	5		
	3. 安全管理制度	①制定并及时修订安全生产管理制度,包括:1)安全生产责任制;2)安全例会制度;3)文件和档案管理制度;4)安全生产费用提取和使用管理制度;5)设施、设备、货物安全管理制度;6)安全生产培训和教育学习制度;7)安全生产监督检查制度;8)事故统计报告制度;9)安全生产奖惩制度;	10		
		②对从业人员进行安全管理制度的学习和培训。	5		
	4. 岗位安全生产操作规程	①制定并及时修订各岗位的安全生产操作规程,并发放到岗位(职工);	10★★★		
		②对从业人员进行安全操作规程的学习和培训;从业人员严格执行本单位的安全操作规程。	5		

续上表

<table>
<tr><th>考评内容</th><th colspan="2">考评要点</th><th>分值</th><th>考评评价</th><th>得分</th></tr>
<tr><td rowspan="3">四、法规和安全管理制度
70分</td><td rowspan="3">5.制度执行及档案管理</td><td>①执行国家有关安全生产方针、政策、法规及本单位的安全管理制度和操作规程,依据行业特点,制定企业安全生产管理措施;</td><td>5</td><td></td><td></td></tr>
<tr><td>②每年至少一次对安全生产法律法规、标准规范、规章制度、操作规程的执行情况进行检查;</td><td>5</td><td></td><td></td></tr>
<tr><td>③建立和完善各类台账和档案,并按要求及时报送有关资料和信息。</td><td>5★★★</td><td></td><td></td></tr>
<tr><td rowspan="5">五、安全投入
40分</td><td rowspan="3">1.资金投入</td><td>①按规定足额提取安全生产费用;</td><td>10★★★</td><td></td><td></td></tr>
<tr><td>②安全生产经费专款专用,保证安全生产投入的有效实施;</td><td>10★★</td><td></td><td></td></tr>
<tr><td>③及时投入满足安全生产条件的所需资金。</td><td>10</td><td></td><td></td></tr>
<tr><td rowspan="2">2.费用管理</td><td>①跟踪、监督安全生产专项经费使用情况;</td><td>5</td><td></td><td></td></tr>
<tr><td>②建立安全费用使用台账。</td><td>5</td><td></td><td></td></tr>
<tr><td rowspan="3">六、装备设施
110分</td><td rowspan="3">1.设备设施管理</td><td>①安全生产设施设备符合有关规定,并保证齐全、完好,没有随意改动;</td><td>10</td><td></td><td></td></tr>
<tr><td>②船舶各类证书齐全、有效;</td><td>5★★★</td><td></td><td></td></tr>
<tr><td>③制定设备设施、电气线路、消防设施维护保养制度,按规定定期进行维护保养,特种设备定期进行检测检验,设施设备技术状况良好;</td><td>10★★★</td><td></td><td></td></tr>
</table>

续上表

考评内容	考评要点		分值	考评评价	得分
六、装备设施110分	1. 设备设施管理	④标识船舶关键性设备(至少包括主机、发电机和船舶电站、舵机、锚机、消防救生设备、防污设备等),并定期检测或进行效用试验,工况良好,各项记录齐全;	10		
		⑤船舶设备设施管理,船舶技术资料、图纸台账齐全,记录完整;	5		
		⑥设置应急通道,保持通畅、标识清晰。	10		
	2. 安全防护设施设备	①按国家有关规定配足有效的安全、消防、救生和环境保护设备及器材;	15★★★		
		②各安全、消防、救生和环境保护设施设备标识清晰,指定专人管理,并进行定期检测、检验,记录完整;	5		
		③船长150米以上的船舶应配备经船级社/船检局认可的配载仪,并按要求使用;	5		
		④装备经船级社认可的进水报警和遥控排水装置,按规定进行检查、检验和保养,并定期对该设备进行测试,保证正常可用。	10		
	3. 通导设备管理	①按规定为船舶配备雷达、GPS、VHF、AIS、罗经等通航辅助设备,工作正常,记录完整。	5		
	4. 备件物料工属具管理	①建有船舶备件、物料、工属具配备管理制度,船舶耗常用备件、物料配备齐全。	5		

续上表

考评内容	考评要点		分值	考评评价	得分
六、装备设施110分	5. 电气安全管理	①按照国家相关法律法规规范船舶电气安全管理。	15		
七、科技创新与信息化55分	1. 科技创新及应用	①使用先进的、安全性能可靠的新技术、新工艺、新设备和新材料，优先选购安全、高效、节能的先进设备；	10		
		②组织开展安全生产科技攻关或课题研究；	10		
		③设有安全生产管理系统或平台；	10		
		④应用现代科技手段，提升安全管理水平。	10		
	2. 科技信息化	①设有电子显示设备；	5		
		②设有其他的安全监管信息系统。	10		
八、队伍建设90分	1. 培训计划	①制定并实施年度及长期的继续教育培训计划，明确培训内容和年度培训时间。	10		
	2. 宣传教育	①组织开展安全生产的法律、法规和安全生产知识的宣传、教育。	10		
	3. 管理人员	①企业主要负责人和管理人员具备相应安全知识和管理能力，并经行业主管部门培训合格；	10★★★		
		②专(兼)职安全管理人员具备专业安全生产管理知识和经验，熟悉各岗位的安全生产业务操作规程，运用专业知识和规章制度开展安全生产管理工作，并保持安全生产管理人员的相对稳定。	15		

续上表

考评内容	考评要点		分值	考评评价	得分
八、队伍建设 90 分	4. 从业人员培训	①从业人员每年接受再培训，提高从业人员的素质和能力，再培训时间不得少于有关规定学时。未经安全生产培训合格的从业人员，不得上岗作业；	10★★		
		②转岗人员及时进行岗前培训；	10		
		③新技术、新设备投入使用前，对管理和操作人员进行专项培训。	10		
	5. 规范档案	①建立健全安全宣传教育培训考评档案，详细、准确记录培训考评情况；	5		
		②对培训效果进行评审，改进提高培训质量。	10		
九、作业管理 170 分	1. 现场作业管理	①严格执行操作规程和安全生产作业规定，严禁违章指挥、违章操作、违反劳动纪律；	10		
		②具有与经营规模、范围相适应的专业技术人员、管理人员和操作人员，按规定持证上岗；	10★★★		
		③制定至少包括下列危险作业的安全监督管理制度，明确责任部门、人员、许可范围、审批程序、许可签发人员等：危险区域动火作业；进入受限空间作业；高处作业；其他危险生产作业；	5		
		④建有开航前安全检查制度，轮、驾两部联系制度，机舱巡回检查制度、航次作业会议制度，并贯彻落实；	5★★★		

续上表

考评内容	考评要点		分值	考评评价	得分
九、作业管理170分	1. 现场作业管理	⑤制定船舶防碰、防风、防雾、防触礁、防搁浅、防火防爆、防人员落水、防污染,靠(离)泊作业、过闸、过桥,以及通过危险航段和船舶求助作业等关键性操作措施,并严格实施;	10★★		
		⑥船舶航行日志、轮机日志、车钟记录、油类记录簿、垃圾记录、客运记录等台账记录完整、规范,符合规定。	5★★★		
	2. 安全值班	①制定航行值班制度、停泊值班制度、交接班制度、驾驶台规则和安全会议制度,并严格落实;	5		
		②重要时期实行领导到岗带班,有值班记录。	5		
	3. 相关方管理	①制定经营相关方、外来参观、学习等人员安全管理制度,明确安全职责和可能接触到的危害,告知应急避险知识。	5		
	4. 装卸作业	①有装卸货申报、准备、装卸作业、货物管理的各环节规定,符合海事机构管理规定,并严格执行;	10★★★		
		②指定人员对装卸作业进行管理;	10		
		③编制货物装积载和装卸计划,装卸作业前与船岸进行安全信息交流;	5		
		④有易流态化货物装卸和载运安全措施;	10★		
		⑤有《压载水管理计划》,符合相关规范和要求,并遵照执行。	5		

续上表

考评内容	考评要点		分值	考评评价	得分
九、作业管理170分	5. 进出港作业管理	①严格执行船舶靠离码头及锚泊作业安全规范；	10		
		②无超载、超限等违反运输规定的行为。	10★★★		
	6. 消防管理	①建立防火安全管理制度、船舶使用明火作业申报制度，并贯彻落实；	5		
		②船舶配有火灾应急应变部署表、船舶防火控制图。船舶生活区张贴防火安全须知，对登船人员实行消防安全提示；	5		
		③定期开展消防安全检查，统计分析消防工作现状，完善消防工作措施；	5		
		④消防器材定期检测保养，状态良好，放置合理。	10		
	7. 防污染管理	①制定船舶防油污染应急计划，并得到主管机关批准；	5		
		②防污染设备设施齐全，建有使用维护管理制度；	5		
		③制定加装燃润油和油污水、生活污水处理程序，并严格执行。	5		
	8. 警示标志	①在存在危险因素的作业场所和设备设施，设置明显的安全警示标志，警示、告知危险种类、后果及应急措施。	10		

续上表

考评内容	考评要点		分值	考评评价	得分
十、危险源辨识与风险控制45分	1. 危险源辨识	①开展本单位危险设施或场所危险源的辨识和确定工作;	10		
		②辨识重大危险源,采取有效防护措施,按规定报有关部门备案。	15★★		
	2. 风险控制	①及时对作业活动和设备设施进行危险、有害因素识别;	10		
		②向从业人员如实告知作业场所和工作岗位存在的危险因素、防范措施以及事故应急措施;	5		
		③对危险源进行建档,重大危险源单独建档管理。	5		
十一、隐患排查与治理70分	1. 隐患排查	①制定隐患排查工作方案,明确排查的目的、范围,选择合适的排查方法;	10		
		②每月至少开展一次安全自查自纠工作,及时发现安全管理缺陷和漏洞,消除安全隐患。检查及处理情况应当记录在案;	15★★★		
		③对各种安全检查所查出的隐患进行原因分析,制定针对性控制对策。	10		
	2. 隐患治理	①制定隐患治理方案,包括目标和任务、方法和措施、经费和物资、机构和人员、时限和要求;	5		
		②对上级检查指出或自我检查发现的一般安全隐患,严格落实防范和整改措施,并组织整改到位;	5		

续上表

考评内容	考评要点		分值	考评评价	得分
十一、隐患排查与治理70分	2. 隐患治理	③重大安全隐患报相关部门备案,做到整改措施、责任、资金、时限和预案“五到位”;	10★★		
		④建立隐患治理台账和档案,有相关的记录;	5		
		⑤按规定对隐患排查和治理情况进行统计分析,并向有关部门报送。	10		
十二、职业健康25分	1. 健康管理	①设置或指定职业健康管理机构,配备专(兼)职管理人员;	5		
		②按规定对员工进行职业健康检查。	5		
	2. 工伤保险	①为从事危险作业人员投保工伤保险。	5		
	3. 危害告知	①对从业人员进行职业健康宣传培训。使其了解其作业场所和工作岗位存在的危险因素和职业危害、防范措施和应急处理措施。	5		
	4. 环境与条件	①为从业人员提供符合职业健康要求的工作环境和条件,配备与职业健康保护相适应的设施、工具。	5		
十三、安全文化35分	1. 安全环境	①设立安全文化廊、安全角、黑板报、宣传栏等员工安全文化阵地,每月至少更换一次内容;	5		
		②公开安全生产举报电话号码、通信地址或者电子邮件信箱。对接到的安全生产举报和投诉及时予以调查和处理。	5		

续上表

考评内容	考评要点		分值	考评评价	得分
十三、安全文化35分	2. 安全行为	①开展安全承诺活动；	5★		
		②编制货物运输安全知识手册，并发放到职工；	5		
		③组织开展安全生产月活动、安全生产竞赛活动，有方案、有总结；	5		
		④对在安全工作中做出显著成绩的集体、个人给予表彰、奖励，并与其经济利益挂钩；	5		
		⑤对安全生产进行检查、评比、考评，总结和交流经验，推广安全生产先进管理方法。	5		
十四、应急救援85分	1. 预案制定	①制定相应的突发事件应急预案，有相应的应急保障措施；	10★★★		
		②结合实际将应急预案分为综合应急预案、专项应急预案和现场处置方案；	5★★		
		③应急预案与当地政府预案保持衔接，报当地有关部门备案，通报有关协作单位；	5		
		④定期评审应急预案，并根据评审结果或实际情况的变化进行修订和完善。	10		
	2. 预案实施	①开展应急预案的宣传教育，普及生产安全事故预防、避险、自救和互救知识；	5		
		②开展应急预案培训活动，使有关人员了解应急预案内容，熟悉应急职责、应急程序和应急处置方案；	5★★★		
		③发生事故后，及时启动应急预案，组织有关力量进行救援，并按照规定将事故信息及应急预案启动情况报告有关部门。	10		

续上表

<table>
<tr><th>考评内容</th><th colspan="2">考 评 要 点</th><th>分值</th><th>考评评价</th><th>得分</th></tr>
<tr><td rowspan="8">十 四、应急救援85分</td><td rowspan="2">3. 应急队伍</td><td>①建立与本单位安全生产特点相适应的专兼职应急救援队伍，或指定专兼职应急救援人员；</td><td>5</td><td></td><td></td></tr>
<tr><td>②组织应急救援人员日常训练。</td><td>5</td><td></td><td></td></tr>
<tr><td rowspan="2">4. 应急装备</td><td>①按照应急预案的要求配备相应的应急物资及装备；</td><td>5</td><td></td><td></td></tr>
<tr><td>②建立应急装备使用状况档案，定期进行检测和维护，使其处于良好状态。</td><td>5</td><td></td><td></td></tr>
<tr><td rowspan="2">5. 应急演练</td><td>①按照有关规定制定应急预案演练计划，并按计划组织开展应急预案演练；</td><td>10★★★</td><td></td><td></td></tr>
<tr><td>②应急预案演练结束后，对应急预案演练效果进行评审，撰写应急预案演练评审报告，分析存在的问题，并对应急预案提出修订意见。</td><td>5★</td><td></td><td></td></tr>
<tr><td rowspan="3">十 五、事故报告调查处理50分</td><td rowspan="2">1. 事故报告</td><td>①发生事故及时进行事故现场处置，按相关规定及时、准确、如实向有关部门报告，没有瞒报、谎报、迟报情况；</td><td>10★★★</td><td></td><td></td></tr>
<tr><td>②跟踪事故发展情况，及时续报事故信息，建立事故档案和事故管理台账。</td><td>5</td><td></td><td></td></tr>
<tr><td>2. 事故处理</td><td>①接到事故报告后，迅速采取有效措施，组织抢救，防止事故扩大，减少人员伤亡和财产损失；</td><td>10</td><td></td><td></td></tr>
</table>

续上表

考评内容	考评要点		分值	考评评价	得分
十五、事故报告调查处理50分	2. 事故处理	②发生事故后，按规定成立事故调查组，积极配合各级人民政府组织的事故调查，随时接受事故调查组的询问，如实提供有关情况；	5		
		③按时提交事故调查报告，分析事故原因，落实整改措施；	5		
		④发生事故后，及时召开安全生产分析通报会，对事故当事人的聘用、培训、考评、上岗以及安全管理等情况进行责任倒查；	5		
		⑤按“四不放过”原则严肃查处事故，严格追究责任领导和相关责任人。处理结果报有关部门备案。	10★		
十六、绩效考核与持续改进35分	1. 绩效评定	①每年至少一次对本单位安全生产标准化的实施情况进行评定，对安全生产工作目标、指标的完成情况进行综合考评。	5		
	2. 持续改进	①提出进一步完善安全标准化的计划和措施，对安全生产目标、指标、管理制度、操作规程等进行修改完善。	10		
	3. 安全管理体系建设	①根据企业生产经营实际，建立相应的安全管理体系，规范安全生产管理，形成长效机制。	20★		

考评员(签名)：　　　　　　　　　　　　　年　　月　　日

十五、水路危险货物运输企业安全生产达标考评指标

考评内容	考评要点		分值	考评评价	得分
一、安全目标35分	1. 安全工作方针与目标	①制定企业安全生产方针、目标和不低于上级下达的安全控制指标；	5★★★		
		②制定实现安全工作方针与目标的措施。	5		
	2. 中长期规划	①制定和实施企业安全生产中长期规划和跨年度专项工作方案。	5★★		
	3. 年度计划	①根据中长期规划，制定年度计划和年度专项活动方案，并严格执行。	5		
	4. 目标考核	①将安全生产管理指标进行细化和分解，制定阶段性的安全生产控制指标；	5		
		②制定安全生产目标考核与奖惩办法；	5		
		③定期考核年度安全生产目标完成情况，并奖惩兑现。	5		
二、管理机构和人员40分	1. 安全管理机构	①成立安全生产委员会（或领导小组），下属各分支机构分别成立相应的领导机构。安委会职责明确，实行主要领导负责制；	10★★		
		②按规定设置与企业规模相适应且独立的安全生产管理机构；	10★★★		
		③定期召开安全生产委员会会议。安全生产管理机构和下属各分支机构每月至少召开一次安全工作例会。	5		

续上表

考评内容	考评要点		分值	考评评价	得分
二、管理机构和人员40分	2. 管理人员配备	①按规定足额配备专职安全生产和应急管理人员;	10★★★		
		②按规定足额配备专职安全生产管理人员,专职安全管理人员应具有与所经营船舶种类和航区相适应的船长或者轮机长任职的从业资历。	5★★★		
三、安全责任体系45分	1. 健全责任制	①企业主要负责人、分管领导、全体员工安全职责明确,制定并落实安全生产责任制,层层签订安全生产责任书,并落实到位;	10★★★		
		②主要负责人或实际控制人是安全生产第一责任人,按照安全生产法律法规赋予的职责,对安全生产负全面组织领导、管理责任和法律责任,并履行安全生产的责任和义务;	5★★		
		③分管安全生产的负责人是安全生产的重要负责人,统筹协调和综合管理企业的安全生产工作,对安全生产负重要管理责任;	5		
		④其他负责人和全体员工实行“一岗双责”,对业务范围内的安全生产工作负责;	5		
		⑤安全生产管理机构、各职能部门、生产基层单位的安全职责明确并落实到位。	10		
	2. 责任制考评	①根据安全生产责任进行定期考核和奖惩,公告考评和奖惩情况。	10★★		

续上表

考评内容	考评要点		分值	考评评价	得分
四、法规和安全管理制度 70分	1. 资质	①《水路运输许可证》、《企业法人营业执照》合法有效，经营范围符合要求。	5★★★		
	2. 法规	①及时识别、获取适用的安全生产法律法规、标准规范；	5		
		②将法规标准和相关要求及时转化为本单位的规章制度，贯彻到各项工作中；	5		
		③执行并落实安全生产法律法规、标准规范；	5		
		④将适用的安全生产法律、法规、标准及其他要求及时对从业人员进行宣传和培训。	5		
	3. 安全管理制度	①制定并及时修订安全生产管理制度，包括：1）安全生产责任制；2）安全例会制度；3）文件和档案管理制度；4）安全生产费用提取和使用管理制度；5）设施、设备、货物安全管理制度；6）安全生产培训和教育学习制度；7）安全生产监督检查制度；8）事故统计报告制度；9）安全生产奖惩制度；	10		
		②对从业人员进行安全管理制度的学习和培训。	5		
	4. 岗位安全生产操作规程	①制定并及时修订各岗位的安全生产操作规程，并发放到岗位（职工）；	10★★★		
		②对从业人员进行安全操作规程的学习和培训；从业人员严格执行本单位的安全操作规程。	5		

续上表

考评内容	考评要点		分值	考评评价	得分
四、法规和安全管理制度70分	5. 制度执行及档案管理	①执行国家有关安全生产方针、政策、法规及本单位的安全管理制度和操作规程，依据行业特点，制定企业安全生产管理措施；	5		
		②每年至少一次对安全生产法律法规、标准规范、规章制度、操作规程的执行情况进行检查；	5		
		③建立和完善各类台账和档案，并按要求及时报送有关资料和信息。	5★★★		
五、安全投入40分	1. 资金投入	①按规定足额提取安全生产费用；	10★★★		
		②安全生产经费专款专用，保证安全生产投入的有效实施；	10★★		
		③及时投入满足安全生产条件的所需资金。	10		
	2. 费用管理	①跟踪、监督安全生产专项经费使用情况；	5		
		②建立安全费用使用台账。	5		
六、装备设施90分	1. 设备设施管理	①安全生产设施设备符合有关规定，并保证齐全、完好，没有随意改动；	10		
		②船舶建造和修理符合法定检验规范，各类证书齐全、有效；	5★★★		
		③制定设备设施、电气线路、消防设施维护保养制度，按规定定期进行维护保养，特种设备定期进行检测检验；	10★★★		

续上表

考评内容	考评要点		分值	考评评价	得分
六、装备设施90分	1. 设备设施管理	④标识船舶关键性设备(至少包括主机、发电机和船舶电站、舵机、锚机、消防救生设备、防污设备等),并定期检测或进行效用试验,工况良好,各项记录齐全;	5		
		⑤船舶设备设施管理,船舶技术资料、图纸台账齐全,记录完整;	5★★★		
		⑥设有覆盖安全重点部位视频监控设备,并保持实时监控;	5		
		⑦设置应急通道,并保持通畅、标识清晰。	10★★		
	2. 安全防护设施设备	①按规定配足有效的,并与运输的危险货物性质相适应的安全防护、环境保护和消防设施设备;	10★★★		
		②各安全、消防、救生和环境保护设施设备标识清晰,指定专人管理,并进行定期检测、检验,记录完整。	5		
	3. 通导设备管理	①按规定为船舶配备雷达、GPS、VHF、AIS、罗经等通航辅助设备,工作正常,记录完整。	5		
	4. 备件物料工属具管理	①建有船舶备件、物料、工属具配备管理制度,船舶耗常用备件、物料配备齐全。	5		
	5. 电气安全管理	①按照国家相关法律法规规范船舶电气安全管理。	15		

续上表

考评内容	考评要点		分值	考评评价	得分
七、科技创新与信息化55分	1. 科技创新及应用	①使用先进的、安全性能可靠的新技术、新工艺、新设备和新材料，优先选购安全、高效、节能的先进设备；	10		
		②组织开展安全生产科技攻关或课题研究；	10		
		③设有安全生产管理系统或平台；	10		
		④应用现代科技手段，提升安全管理水平。	10		
	2. 科技信息化	①设有电子显示设备；	5		
		②设有其他的安全监管信息系统。	10		
八、队伍建设90分	1. 培训计划	①制定并实施年度及长期的继续教育培训计划，明确培训内容和年度培训时间。	10		
	2. 宣传教育	①组织开展安全生产的法律、法规和安全生产知识的宣传、教育。	10		
	3. 管理人员	①企业主要负责人和管理人员具备相应安全知识和管理能力，并取得行业主管部门培训合格证；	10★★★		
		②专(兼)职安全管理人员具备专业安全生产管理知识和经验，熟悉各岗位的安全生产业务操作规程，运用专业知识和规章制度开展安全生产管理工作，并保持安全生产管理人员的相对稳定。	15		

续上表

考评内容	考评要点		分值	考评评价	得分
八、队伍建设90分	4. 从业人员培训	①从业人员每年接受再培训，提高从业人员的素质和能力，再培训时间不得少于有关规定学时。未经安全生产培训合格的从业人员，不得上岗作业；	10★★		
		②转岗人员及时进行岗前培训；	10		
		③新技术、新设备投入使用前，对管理和操作人员进行专项培训。	10		
	5. 规范档案	①建立健全安全宣传教育培训考评档案，详细、准确记录培训考评情况；	5		
		②对培训效果进行评审，改进提高培训质量。	10		
九、作业管理190分	1. 现场作业管理	①严格执行操作规程和安全生产作业规定，严禁违章指挥、违章操作、违反劳动纪律；	10		
		②具有与经营规模、范围相适应的专业技术人员、管理人员、操作人员及船员，按规定持证上岗，船员持相应、有效的《船员证书》和对应船种特殊培训证书；	10★★★		
		③严禁无关人员进入影响船舶航行安全的工作区域；	5		
		④制定至少包括下列危险作业的安全监督管理制度，明确责任部门、人员、许可范围、审批程序、许可签发人员等：危险区域动火作业；进入受限空间作业；高处作业；装卸危险品货物作业；其他危险生产作业；	5		

续上表

考评内容	考评要点		分值	考评评价	得分
九、作业管理190分	1. 现场作业管理	⑤制定船舶防碰、防风、防雾、防触礁、防搁浅、防火防爆、防人员落水、防污染，靠（离）泊作业、过闸、过桥，以及通过危险航段和船舶求助作业等关键性操作措施，并严格实施；	10★★★		
		⑥船舶航行日志、轮机日志、车钟记录、油类记录簿、垃圾记录等台账记录完整、规范，符合规定；	5★★★		
		⑦作业场所及设施设备应采用可靠的防雷和防静电接地措施。	5		
	2. 安全值班	①建有船舶航行值班制度，交接班制度，停泊值班制度，开航前安全检查制度，轮、驾两部联系制度，机舱巡回检查制度，航次作业会议制度，并贯彻落实；	5★★★		
		②重要时期实行领导到岗带班，有值班记录。	5		
	3. 相关方管理	①制定经营相关方、外来参观、学习等人员安全管理制度，明确安全职责和可能接触到的危害，告知应急避险知识。	5		
	4. 装卸作业	①制定货物装卸作业安全管理、船岸装卸作业联合检查、船舶密闭舱室作业和洗舱安全作业管理制度，并严格落实；	10★★★		
		②船舶载运危险货物，按规定向主管机关办理进、出港口申报手续；	5★★★		
		③编制货物装积载计划及危险货物清单；	5		

续上表

考评内容	考评要点		分值	考评评价	得分
九、作业管理190分	4. 装卸作业	④严格执行危险货物装卸作业操作规程，并指定人员对装卸作业进行管理；	10★★		
		⑤船舶有《压载水管理计划》，符合相关规范和要求，并遵照执行；	5		
		⑥严格执行船、岸装卸作业联合检查制度；	10		
		⑦配备货物测量取样相应的设备，并严格货物测量取样程序；	5		
		⑧严格执行船舶电气、通风设备、避雷防护、消防设备使用管理规定，保证技术条件符合要求。	10		
	5. 进出港作业管理	①严格执行船舶靠离码头及锚泊作业安全规范；	5		
		②无超载、超限等违反运输规定的行为。	10★★★		
	6. 消防管理	①建立防火安全管理制度、船舶使用明火作业申报制度，并贯彻落实；	5		
		②制定固定灭火系统安全操作程序；	5		
		③船舶配有火灾应急应变部署表、船舶防火控制图。船舶生活区张贴防火安全须知，对登船人员实行消防安全提示；	5		
		④定期开展消防安全检查，统计分析消防工作现状，完善消防工作措施；	5		
		⑤消防器材定期检测保养，状态良好，放置合理。	5		

续上表

考评内容	考评要点		分值	考评评价	得分
九、作业管理190分	7. 防污染管理	①制定船舶防油污染应急计划,并得到主管机关批准;	5		
		②防污染设备设施齐全,建有使用维护管理制度;	5		
		③制定加装燃润油和油污水、生活污水处理程序,并严格执行。	5		
	8. 警示标志	①在存在危险因素的作业场所和设备设施,设置明显的安全警示标志,警示、告知危险种类、后果及应急措施。	10		
十、危险源辨识与风险控制45分	1. 危险源辨识	①开展本单位危险设施或场所危险源的辨识和确定工作;	10		
		②辨识重大危险源,采取有效防护措施,按规定报有关部门备案。	15★★		
	2. 风险控制	①及时对作业活动和设备设施进行危险、有害因素识别;	10		
		②向从业人员如实告知作业场所和工作岗位存在的危险因素、防范措施以及事故应急措施;	5		
		③对危险源进行建档,重大危险源单独建档管理。	5		

续上表

考评内容	考评要点		分值	考评评价	得分
十一、隐患排查与治理70分	1. 隐患排查	①制定隐患排查工作方案，明确排查的目的、范围，选择合适的排查方法；	10		
		②每月至少开展一次安全自查自纠工作，及时发现安全管理缺陷和漏洞，消除安全隐患。检查及处理情况应当记录在案；	15★★★		
		③对各种安全检查所查出的隐患进行原因分析，制定针对性控制对策。	10		
	2. 隐患治理	①制定隐患治理方案，包括目标和任务、方法和措施、经费和物资、机构和人员、时限和要求；	5		
		②对上级检查指出或自我检查发现的一般安全隐患，严格落实防范和整改措施，并组织整改到位；	5		
		③重大安全隐患报相关部门备案，做到整改措施、责任、资金、时限和预案“五到位”；	10★★		
		④建立隐患治理台账和档案，有相关的记录；	5		
		⑤按规定对隐患排查和治理情况进行统计分析，并向有关部门报送。	10		
十二、职业健康25分	1. 健康管理	①设置或指定职业健康管理机构，配备专(兼)职管理人员；	5		
		②按规定对员工进行职业健康检查。	5		

续上表

考评内容	考评要点		分值	考评评价	得分
十二、职业健康25分	2. 工伤保险	①为从事危险作业人员投保工伤保险。	5		
	3. 危害告知	①对从业人员进行职业健康宣传培训。使其了解其作业场所和工作岗位存在的危险因素和职业危害、防范措施和应急处理措施。	5		
	4. 环境与条件	①为从业人员提供符合职业健康要求的工作环境和条件,配备与职业健康保护相适应的设施、工具。	5		
十三、安全文化35分	1. 安全环境	①设立安全文化廊、安全角、黑板报、宣传栏等员工安全文化阵地,每月至少更换一次内容;	5		
		②公开安全生产举报电话号码、通信地址或者电子邮件信箱。对接到的安全生产举报和投诉及时予以调查和处理。	5		
	2. 安全行为	①开展安全承诺活动;	5★		
		②编制危险货物运输安全知识手册,并发放到职工;	5		
		③组织开展安全生产月活动、安全生产竞赛活动,有方案、有总结;	5		
		④对在安全工作中做出显著成绩的集体、个人给予表彰、奖励,并与其经济利益挂钩;	5		
		⑤对安全生产进行检查、评比、考评,总结和交流经验,推广安全生产先进管理方法。	5		

续上表

考评内容	考评要点		分值	考评评价	得分
十四、应急救援85分	1. 预案制定	①制定相应的突发事件应急预案，有相应的应急保障措施；	10★★★		
		②结合实际将应急预案分为综合应急预案、专项应急预案和现场处置方案；	5★★		
		③应急预案与当地政府预案保持衔接，报当地有关部门备案，通报有关协作单位；	5		
		④定期评审应急预案，并根据评审结果或实际情况的变化进行修订和完善。	10		
	2. 预案实施	①开展应急预案的宣传教育，普及生产安全事故预防、避险、自救和互救知识；	5		
		②开展应急预案培训活动，使有关人员了解应急预案内容，熟悉应急职责、应急程序和应急处置方案；	5★★★		
		③发生事故后，及时启动应急预案，组织有关力量进行救援，并按照规定将事故信息及应急预案启动情况报告有关部门。	10		
	3. 应急队伍	①建立与本单位安全生产特点相适应的专兼职应急救援队伍，或指定专兼职应急救援人员；	5		
		②组织应急救援人员日常训练。	5		

续上表

考评内容	考评要点		分值	考评评价	得分
十四、应急救援85分	4. 应急装备	①按照应急预案的要求配备相应的应急物资及装备；	5		
		②建立应急装备使用状况档案，定期进行检测和维护，使其处于良好状态。	5		
	5. 应急演练	①按照有关规定制定应急预案演练计划，并按计划组织开展应急预案演练；	10★★★		
		②应急预案演练结束后，对应急预案演练效果进行评审，撰写应急预案演练评审报告，分析存在的问题，并对应急预案提出修订意见。	5★		
十五、事故报告调查处理50分	1. 事故报告	①发生事故及时进行事故现场处置，按相关规定及时、准确、如实向有关部门报告，没有瞒报、谎报、迟报情况；	10★★★		
		②跟踪事故发展情况，及时续报事故信息，建立事故档案和事故管理台账。	5		
	2. 事故处理	①接到事故报告后，迅速采取有效措施，组织抢救，防止事故扩大，减少人员伤亡和财产损失；	10		
		②发生事故后，按规定成立事故调查组，积极配合各级人民政府组织的事故调查，随时接受事故调查组的询问，如实提供有关情况；	5		
		③按时提交事故调查报告，分析事故原因，落实整改措施；	5		

续上表

考评内容	考评要点		分值	考评评价	得分
十五、事故报告调查处理50分	2. 事故处理	④发生事故后，及时召开安全生产分析通报会，对事故当事人的聘用、培训、考评、上岗以及安全管理等情况进行责任倒查；	5		
		⑤按“四不放过”原则严肃查处事故，严格追究责任领导和相关责任人。处理结果报有关部门备案。	10★		
十六、绩效考核与持续改进35分	1. 绩效评定	①每年至少一次对本单位安全生产标准化的实施情况进行评定，对安全生产工作目标、指标的完成情况进行综合考评。	5		
	2. 持续改进	①提出进一步完善安全标准化的计划和措施，对安全生产目标、指标、管理制度、操作规程等进行修改完善。	10		
	3. 安全管理体系建设	①根据企业生产经营实际，建立相应的安全管理体系，规范安全生产管理，形成长效机制。	20★		

考评员(签名)：　　　　　　　　　　　　　　年　月　日

十六、交通运输建筑施工企业安全生产达标考评指标

考评内容	考评要点		分值	考评评价	得分
一、安全目标35分	1. 安全工作方针与目标	①制定企业安全生产方针、目标和不低于上级下达的安全控制指标；	5★★★		
		②制定实现安全工作方针与目标的措施。	5		
	2. 中长期规划	①制定和实施企业安全生产中长期规划和跨年度专项工作方案。	5★★		
	3. 年度计划	①根据中长期规划，制定年度计划和年度专项活动方案，并严格执行。	5		
	4. 目标考核	①将安全生产管理指标进行细化和分解，制定阶段性的安全生产控制指标；	5		
		②制定安全生产目标考核与奖惩办法；	5		
		③定期考核年度安全生产目标完成情况，并奖惩兑现。	5		
二、管理机构和人员35分	1. 安全管理机构	①成立安全生产委员会（或领导小组），下属各分支机构分别成立相应的领导机构。安委会职责明确，实行主要领导负责制；	5★★		
		②按规定设置独立的安全生产管理部门；	10★★★		
		③定期召开安全生产委员会会议。安全生产管理机构和下属各分支机构每月至少召开一次安全工作例会。	5		

续上表

考评内容	考评要点		分值	考评评价	得分
二、管理机构和人员35分	2. 管理人员配备	①按规定足额配备专职安全生产和应急管理人员；	10★★★		
		②公司领导班子设置专职安全生产负责人。	5★★		
三、安全责任体系45分	1. 健全责任制	①企业主要负责人、分管领导、全体员工安全职责明确，制定并落实安全生产责任制，层层签订安全生产责任书，并落实到位；	10★★★		
		②主要负责人或实际控制人是安全生产第一责任人，按照安全生产法律法规赋予的职责，对安全生产负全面组织领导、管理责任和法律责任，并履行安全生产的责任和义务；	5		
		③分管安全生产的负责人是安全生产的重要负责人，统筹协调和综合管理企业的安全生产工作，对安全生产负重要管理责任；	5		
		④其他负责人和全体员工实行"一岗双责"，对业务范围内的安全生产工作负责；	5		
		⑤安全生产管理机构、各职能部门、生产基层单位的安全职责明确并落实到位。	10		
	2. 责任制考评	①根据安全生产责任进行定期考核和奖惩，公告考评和奖惩情况。	10★★		

续上表

考评内容	考评要点		分值	考评评价	得分
四、法规和安全管理制度70分	1. 资质	①《企业法人营业执照》、《安全生产许可证》《资质证书》等合法有效,经营范围符合要求。	10★★★		
	2. 法规	①及时识别、获取适用的安全生产法律法规、标准规范;	5		
		②将法规标准和相关要求及时转化为本单位的规章制度,贯彻到各项工作中;	5		
		③将适用的安全生产法律、法规、标准及其他要求及时对从业人员进行宣传和培训。	5		
	3. 安全管理制度	①制定并及时修订安全生产管理制度,包括:1)安全生产责任制;2)安全例会制度;3)文件和档案管理制度;4)安全生产费用提取和使用管理制度;5)设施、设备、货物安全管理制度;6)安全生产培训和教育学习制度;7)安全生产监督检查制度;8)事故统计报告制度;9)安全生产奖惩制度;	10		
		②对从业人员进行安全管理制度的学习和培训。	5		
	4. 岗位安全生产操作规程	①制定并及时修订各岗位的安全生产操作规程,并发放到岗位(职工);	10★★★		
		②对从业人员进行安全操作规程的学习和培训;从业人员严格执行本单位的安全操作规程。	5		

续上表

考评内容	考评要点		分值	考评评价	得分
四、法规和安全管理制度70分	5. 制度执行及档案管理	①执行国家有关安全生产方针、政策、法规及本单位的安全管理制度和操作规程，依据行业特点，制定企业安全生产管理措施；	5		
		②每年至少一次对安全生产法律法规、标准规范、规章制度、操作规程的执行情况进行检查；	5		
		③建立和完善各类台账和档案，并按要求及时报送有关资料和信息。	5★★★		
五、安全投入45分	1. 资金投入	①按规定足额提取安全生产费用；	10★★★		
		②安全生产经费专款专用，保证安全生产投入的有效实施；	10★★		
		③及时投入满足安全生产条件的所需资金。	10		
	2. 费用管理	①跟踪、监督安全生产专项经费使用情况；	10		
		②建立安全费用使用台账。	5		
六、装备设施100分	1. 设施设备	①具备满足安全生产需要的设施设备，并符合相关安全规范和技术要求；	10		
		②按有关规定配足有效的安全防护、环境保护、消防、救生设备及器材；	15★★★		
		③按规定对设施设备进行定期检验，检验证书合法有效；	10		
		④按规定设置设施设备安全警告标志、指示牌。	5		

续上表

考评内容	考评要点		分值	考评评价	得分
六、装备设施100分	2. 设施安全管理	①规范施工现场临时设施（包括临时建、构筑物、活动板房）的采购、租赁、搭设与拆除、验收、检查、使用的相关管理，有明确的安全制度，并严格落实；	10		
		②设施设备（包括作业船舶、车辆、特种设备等）符合相关安全规范和技术要求，设施设备及操作人员证书齐全有效；	10		
		③按规定定期对设备设施、电气线路、消防设施进行维护保养，特种设备定期进行检测检验，设备状态良好；	15★★★		
		④指定专人对特种设备进行管理；	5		
		⑤建立并规范设备管理台账。	5		
	3. 电气安全管理	①按照国家相关法律法规规范电气安全管理。	15		
七、安全技术管理110分	1. 施工组织设计	①制定施工组织设计编制、审核、批准制度；	5		
		②施工组织设计中有明确的安全技术措施；	5		
		③按程序进行审核、批准；	5		
		④严格按照施工组织设计执行。	10		
	2. 专项施工方案	①制定危险性较大的分部、分项工程编写、审核、批准专项施工方案制度；	10★★		
		②按程序进行审核、批准；	5		
		③严格按照专项施工方案执行。	10		

续上表

<table>
<tr><th>考评内容</th><th colspan="2">考 评 要 点</th><th>分值</th><th>考评评价</th><th>得分</th></tr>
<tr><td rowspan="8">七、安全技术管理110分</td><td rowspan="3">3. 安全技术交底</td><td>①制定安全技术交底规定；</td><td>5</td><td></td><td></td></tr>
<tr><td>②落实各级安全技术交底；</td><td>10</td><td></td><td></td></tr>
<tr><td>③交底有书面记录，履行签字手续。</td><td>5</td><td></td><td></td></tr>
<tr><td rowspan="5">4. 科技应用及创新</td><td>①使用先进的、安全性能可靠的新技术、新工艺、新设备和新材料，优先选购安全、高效、节能的先进设备；</td><td>5</td><td></td><td></td></tr>
<tr><td>②设有安全生产管理系统或平台；</td><td>10</td><td></td><td></td></tr>
<tr><td>③取得ISO9001、ISO14001和OHSAS18000认证；</td><td>5</td><td></td><td></td></tr>
<tr><td>④组织开展安全生产科技攻关或课题研究；</td><td>10</td><td></td><td></td></tr>
<tr><td>⑤设有其他安全监管信息系统。</td><td>10</td><td></td><td></td></tr>
<tr><td rowspan="4">八、队伍建设90分</td><td>1. 培训计划</td><td>①制定并实施年度及长期的继续教育培训计划，明确培训内容和年度培训时间。</td><td>10</td><td></td><td></td></tr>
<tr><td>2. 宣传教育</td><td>①组织开展安全生产的法律、法规和安全生产知识的宣传、教育。</td><td>10</td><td></td><td></td></tr>
<tr><td rowspan="2">3. 管理人员</td><td>①企业主要负责人和管理人员具备相应安全知识和管理能力，并取得行业主管部门培训合格证；</td><td>10★★★</td><td></td><td></td></tr>
<tr><td>②专(兼)职安全管理人员具备专业安全生产管理知识和经验，熟悉各岗位的安全生产业务操作规程，运用专业知识和规章制度开展安全生产管理工作，并保持安全生产管理人员的相对稳定。</td><td>15</td><td></td><td></td></tr>
</table>

续上表

考评内容	考评要点		分值	考评评价	得分
八、队伍建设 90分	4. 从业人员培训	①从业人员每年接受再培训，提高从业人员的素质和能力，再培训时间不得少于有关规定学时。未经安全生产培训合格的从业人员，不得上岗作业；	10★★		
		②转岗人员及时进行岗前培训；	10		
		③新技术、新设备投入使用前，对管理和操作人员进行专项培训。	10		
	5. 规范档案	①建立健全安全宣传教育培训考评档案，详细、准确记录培训考评情况；	5		
		②对培训效果进行评审，改进提高培训质量。	10		
九、作业管理 120分	1. 现场作业管理	①严格执行操作规程和安全生产作业规定，严禁违章指挥、违章操作、违反劳动纪律；	10		
		②在下达生产任务的同时，布置安全生产工作要求；	5		
		③从业人员具有相关资质条件；	10★★★		
		④指定专人对危险作业进行现场管理；	10		
		⑤建立完善的安全检查制度，严格执行巡回检查制度，严禁无关人员进入作业区域；	10★★		
		⑥作业场所及设施设备应采用可靠的防雷、防风、防火和防电等措施；	10		
		⑦生产物资堆放和存储符合相关安全规范和技术要求。	5		

续上表

考评内容	考评要点		分值	考评评价	得分
九、作业管理120分	2. 安全值班	①制定并落实安全生产值班计划和值班制度,重要时期实行领导到岗带班,有值班记录。	10		
	3. 相关方管理	①两个或两个以上单位共用生产作业的现场安全生产管理职责明确,并落实到位;	5		
		②制定了协作单位(含供应商)管理制度,严格协作单位安全生产许可证、资质、资格审查,并严格执行开工前准备、过程监督、续用等管理;	10		
		③与协作单位签订安全协议,明确双方各自的安全责任;	5		
		④对短期合同工、临时用工、实习人员、外来参观人员、客户及其车辆等进入作业现场有相应的安全管理制度和措施;	5		
		⑤建立合格协作单位名录和安全生产档案。	5		
	4. 工作环境	①工作、生活场所的布置符合安全、消防和职业健康要求,疏散距离合理,消防通道畅通,各种设施布局合理。	10		
	5. 警示标志	①在存在危险因素的场所和设备设施,设置明显的安全警示标志,警示、告知危险种类、后果及应急措施。	10★★★		

续上表

考评内容	考评要点		分值	考评评价	得分
十、危险源辨识与风险控制45分	1. 危险源辨识	①开展本单位危险设施或场所危险源的辨识和确定工作；	10		
		②辨识重大危险源，采取有效防护措施，按规定报有关部门备案。	15★★		
	2. 风险控制	①及时对作业活动和设备设施进行危险、有害因素识别；	10		
		②向从业人员如实告知作业场所和工作岗位存在的危险因素、防范措施以及事故应急措施；	5		
		③对危险源进行建档，重大危险源单独建档管理。	5		
十一、隐患排查与治理70分	1. 隐患排查	①制定隐患排查工作方案，明确排查的目的、范围，选择合适的排查方法；	5		
		②每月至少开展一次安全自查自纠工作，及时发现安全管理缺陷和漏洞，消除安全隐患。检查及处理情况应当记录在案；	10★★★		
		③对各种安全检查所查出的隐患进行原因分析，制定针对性控制对策。	10		
	2. 隐患治理	①制定隐患治理方案，包括目标和任务、方法和措施、经费和物资、机构和人员、时限和要求；	10		
		②对上级检查指出或自我检查发现的一般安全隐患，严格落实防范和整改措施，并组织整改到位；	10		

续上表

考评内容	考评要点		分值	考评评价	得分
十一、隐患排查与治理70分	2. 隐患治理	③重大安全隐患报相关部门备案,做到整改措施、责任、资金、时限和预案“五到位”;	10★★		
		④建立隐患治理台账和档案,有相关的记录;	5		
		⑤按规定对隐患排查和治理情况进行统计分析,并向有关部门报送书面统计分析表。	10		
十二、职业健康30分	1. 健康管理	①设置或指定职业健康管理机构,配备专(兼)职管理人员;	5		
		②按规定对员工进行职业健康检查。	5		
	2. 工伤保险	①为从事危险作业人员投保意外伤害险。	5★★		
	3. 危害告知	①对从业人员进行职业健康宣传培训。使其了解其作业场所和工作岗位存在的危险因素和职业危害、防范措施和应急处理措施。	5		
	4. 劳动保护	①为从业人员提供符合职业健康要求的工作环境和条件,配备与职业健康保护相适应的设施、工具;	5		
		②对于会造成职业危害的岗位实行轮岗制度,或定期安排员工休假、疗养。	5		

续上表

考评内容	考评要点		分值	考评评价	得分
十三、安全文化35分	1. 安全环境	①设立安全文化廊、安全角、黑板报、宣传栏等员工安全文化阵地，每月至少更换两次内容；	5		
		②公开安全生产举报电话号码、通信地址或者电子邮件信箱。对接到的安全生产举报和投诉及时予以调查和处理。	5★★		
	2. 安全行为	①开展安全承诺活动；	5★		
		②编制安全知识手册，并发放到职工；	5		
		③组织开展安全生产月活动、安全生产竞赛活动，有方案、有总结；	5		
		④对在安全工作中做出显著成绩的集体、个人给予表彰、奖励，并与其经济利益挂钩；	5		
		⑤对安全生产进行检查、评比、考评，总结和交流经验，推广安全生产先进管理方法。	5		
十四、应急救援85分	1. 预案制定	①制定相应的突发事件应急预案，有相应的应急保障措施；	10★★★		
		②结合实际将应急预案分为综合应急预案、专项应急预案和现场处置方案；	5★★		
		③应急预案与当地政府预案保持衔接，报当地有关部门备案，通报有关协作单位；	5		
		④定期评审应急预案，并根据评审结果或实际情况的变化进行修订和完善。	5		

续上表

考评内容	考评要点		分值	考评评价	得分
十四、应急救援85分	2.预案实施	①开展应急预案的宣传教育，普及生产安全事故预防、避险、自救和互救知识；	5		
		②开展应急预案培训活动，使有关人员了解应急预案内容，熟悉应急职责、应急程序和应急处置方案；	5★★★		
		③发生事故后，及时启动应急预案，组织有关力量进行救援，并按照规定将事故信息及应急预案启动情况报告有关部门。	10		
	3.应急队伍	①建立与本单位安全生产特点相适应的专兼职应急救援队伍，或指定专兼职应急救援人员；	5		
		②组织应急救援人员日常训练。	10		
	4.应急装备	①按照应急预案的要求配备相应的应急物资及装备；	5		
		②建立应急装备使用状况档案，定期进行检测和维护，使其处于良好状态。	5		
	5.应急演练	①按照有关规定制定应急预案演练计划，并按计划组织开展应急预案演练；	10★★★		
		②应急预案演练结束后，对应急预案演练效果进行评审，撰写应急预案演练评审报告，分析存在的问题，并对应急预案提出修订意见。	5★		

续上表

考评内容	考评要点		分值	考评评价	得分
十五、事故报告调查处理 50分	1.事故报告	①发生事故及时进行事故现场处置,按相关规定及时、准确、如实向有关部门报告,没有瞒报、谎报、迟报情况;	10★★★		
		②跟踪事故发展情况,及时续报事故信息,建立事故档案和事故管理台账。	5		
	2.事故处理	①接到事故报告后,迅速采取有效措施,组织抢救,防止事故扩大,减少人员伤亡和财产损失;	10		
		②发生事故后,按规定成立事故调查组,积极配合各级人民政府组织的事故调查,随时接受事故调查组的询问,如实提供有关情况;	5		
		③按时提交事故调查报告,分析事故原因,落实整改措施;	5		
		④发生事故后,及时召开安全生产分析通报会,对事故当事人的聘用、培训、考评、上岗以及安全管理等情况进行责任倒查;	5		
		⑤按“四不放过”原则严肃查处事故,严格追究责任领导和相关责任人。处理结果报有关部门备案。	10★		

续上表

考评内容	考评要点		分值	考评评价	得分
十六、绩效考核与持续改进35分	1. 绩效评定	①每年至少一次对本单位安全生产标准化的实施情况进行评定,对安全生产工作目标、指标的完成情况进行综合考评。	5		
	2. 持续改进	①提出进一步完善安全标准化的计划和措施,对安全生产目标、指标、管理制度、操作规程等进行修改完善。	10		
	3. 安全管理体系建设	①根据企业生产经营实际,建立相应的安全管理体系,规范安全生产管理,形成长效机制。	20★		

考评员(签名):　　　　　　　　　　　　　　　　年　月　日

注:1. "★"为一级必备条件;"★★"为二级必备条件;"★★★"为三级必备条件。必备条件为考评指标中申请相应达标级别的企业必须完全满足的指标项。

2. 评为一级达标企业的考评分数不低于900分(满分1000分,下同)且满足所有必备条件,评为二级达标企业的考评分数不低于700分且满足二、三级必备条件,评为三级达标企业的考评分数不低于600分且满足三级必备条件。

交通运输企业安全生产标准化考评发证实施办法

第一章　总　　则

第一条　为进一步规范交通运输企业安全生产标准化考评工作，依据《交通运输企业安全生产标准化考评管理办法》的规定，制定本办法。

第二条　本办法适用于交通运输企业安全生产标准化考评发证过程中的自评、申请、受理、考评、发证和监督管理。

第三条　交通运输企业安全生产标准化考评的主管机关按照管辖范围和职责权限负责组织实施考评发证工作。

第四条　省级交通运输主管部门和长江航务管理局、珠江航务管理局可根据本办法制定具体规定，并报交通运输部。

第五条　各主管机关、考评机构应严格按照本办法组织实施交通运输企业安全生产标准化考评发证。

第二章　考 评 流 程

第六条　交通运输企业应根据经营类别分别申请达标等级。

第七条　申请达标等级的交通运输企业应对照《交通运输企业安全生产标准化达标考评指标》进行自评，逐项给出自评分值，形成自评报告，并通过交通运输企业安全生产标准化管理信息系统向相应的主管机关提出考评申请（申请表格式见附件）。

第八条　主管机关收到企业申请后确定考评机构受理考评。

第九条　考评机构应在 5 个工作日内完成对企业申请材料的真实性和符合性的核查，对核查通过的企业启动考评；核查不通过的，应及时告知主管机关和企业，并说明原因。

第十条 考评机构应组织3名以上（含3名）具有相应资质的考评人员成立考评组，制定具体考评计划，告知企业后实施。

考评机构应在接到申请后25个工作日内完成对企业的考评。

第十一条 考评组实施考评可采取提问、交谈、查阅文件和记录、现场检查与抽查等方式。若有必要，可以进行现场检测与测量。考评组在企业从事考评活动，按下列程序进行：

（一）考评启动。考评组应提前与企业协调确认考评计划及考评进度表，考评前应介绍考评流程、考评方法及保密承诺等。企业应向考评组介绍企业的组织构架和安全生产工作等情况。

（二）实施考评。考评组成员按照考评计划和任务分工实施考评，获取真实数据，给出公正客观的考评分值和评价。

（三）考评组内部评议。考评组应进行内部评议，具体审核汇总各考评人员提交的考评依据和考评结果，研究确定综合考评结论。

（四）交换意见。考评组应向企业通报考评情况，交换考评结果，并就考评过程中发现的问题向企业提出整改建议。

第十二条 企业对考评机构提出的整改意见，1个月内能按要求整改到位的，经考评机构核实后，可视为达到考评要求。

第十三条 企业对考评结论存有异议的，可向同级主管机关、直至上级主管机关提出复核申请。主管机关应及时组织复核。

第十四条 考评组考评工作结束后，应向考评机构提交考评报告，考评报告包含下列内容：

（一）考评组人员组成；

（二）考评综述；

（三）考评材料（含考评员考评结果原件等）；

（四）考评结论；

（五）对企业的相关整改建议；

（六）其他需说明的问题。

第十五条 考评机构收到考评组的考评报告并按程序审查后，向主管机关提交考评结论及达标等级意见。

第三章 考评发证

第十六条 主管机关收到考评机构提交的考评结论后，应对企业拟达标的等级进行公示（公示期7天），公示期间没有实名举报的应向企业颁发安全生产标准化达标等级证书，并向社会公布。公示期间如有实名举报，主管机关应进行核查，举报不属实和举报属实但不影响考评结论的应予以发证；举报属实且影响考评结论的不予发证。

第十七条 省级交通运输主管部门和长江航务管理局、珠江航务管理局应将二、三级达标企业发证情况报交通运输部。

第十八条 企业安全生产标准化达标证书应按照交通运输部规定的统一样式（见附件）制发。

第四章 日常管理

第十九条 获得安全生产达标等级证书的企业每年应进行自评，并在次年1月底前将年度自评报告报发证主管机关。

第二十条 上级主管机关应对下级主管机关和考评机构的考评工作进行监督检查。

第五章 附 则

第二十一条 本办法自发布之日起实施。

附件

交通运输企业安全生产标准化达标考评

申

请

表

申请日期：　　年　月　日

中华人民共和国交通运输部制

交通运输企业安全生产标准化达标考评申请表

企业名称			
经营范围			
法人代表		注册地	
注册时间		申请记录	有□　　年　月　　无□
申请类别		申请等级	
主管机关			
相关附件	1. 企业法人营业执照、经营许可证等　□		
	2. 企业基本情况和安全生产组织架构　□		
	3. 企业安全生产基本情况　□		
	4. 相关安全生产管理体系证书（证明）及近3年安全事故情况　□		
	5. 企业自评报告　□		
主管机关意　　见	（电子签名）　　年　月　日		
备　　注			

说明：如有申请记录请在该栏填写最近一次申请时间。

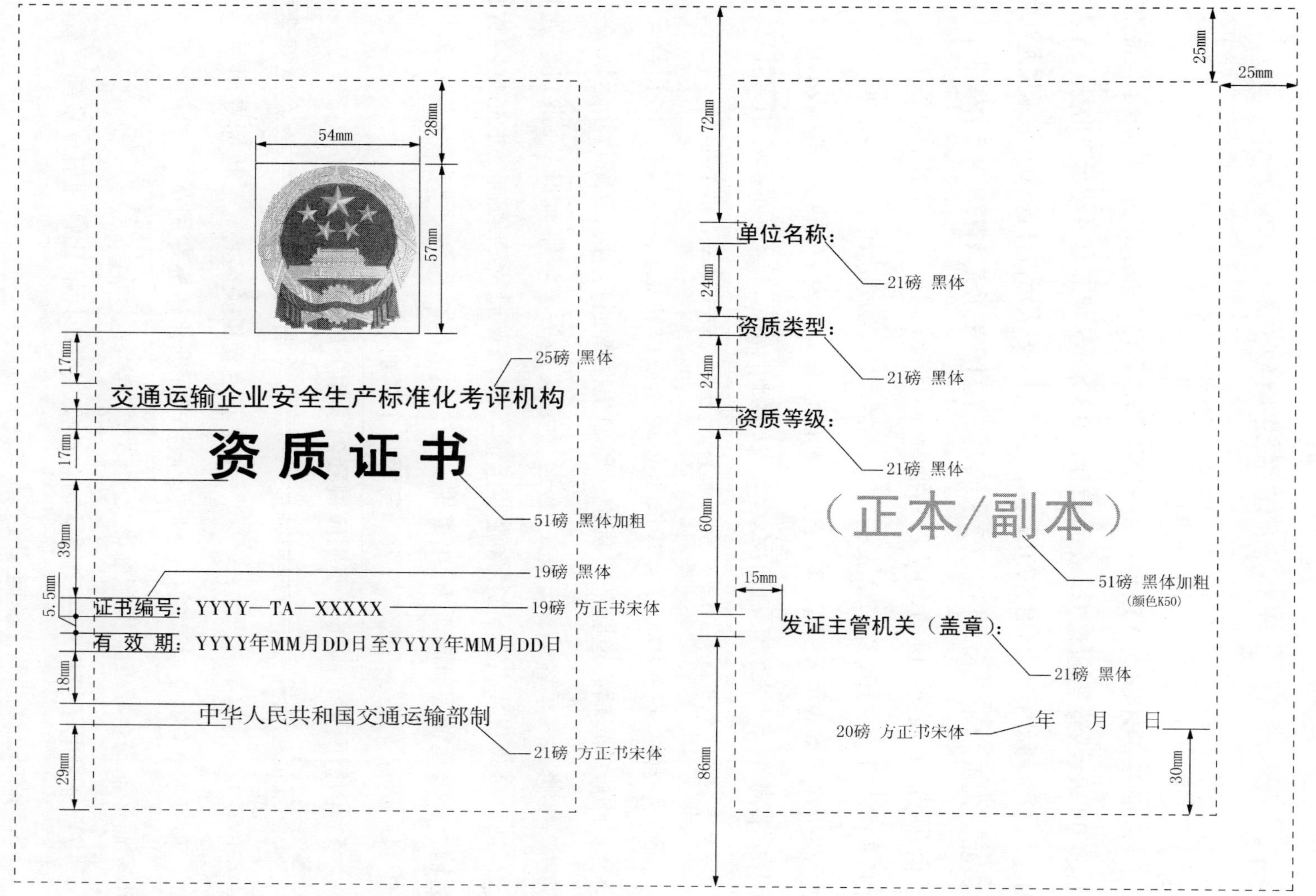

54mm
28mm
57mm
17mm
交通运输企业安全生产标准化考评机构
25磅 黑体
17mm
资质证书
51磅 黑体加粗
39mm
19磅 黑体
5.5mm
证书编号：YYYY—TA—XXXXX
19磅 方正书宋体
有 效 期：YYYY年MM月DD日至YYYY年MM月DD日
18mm
中华人民共和国交通运输部制
21磅 方正书宋体
29mm
25mm
25mm
72mm
单位名称：
21磅 黑体
24mm
资质类型：
21磅 黑体
24mm
资质等级：
21磅 黑体
60mm
（正本/副本）
51磅 黑体加粗
（颜色K50）
15mm
发证主管机关（盖章）：
21磅 黑体
20磅 方正书宋体
年 月 日
86mm
30mm

证书说明

1．等级证书纸张大小为420mm×297mm（A3），带底纹。

2．证书编号格式为YYYY—TA—XXXXXX。YYYY表示年份；TA表示发证主管机关（01表示交通运输部，02表示北京市，03表示天津市，04表示河北省，05表示山西省，06表示内蒙古自治区，07表示辽宁省，08表示吉林省，09表示黑龙江省，10表示上海市，11表示江苏省，12表示浙江省，13表示安徽省，14表示福建省，15表示江西省，16表示山东省，17表示河南省，18表示湖北省，19表示湖南省，20表示广东省，21表示海南省，22表示广西自治区，23表示重庆市，24表示四川省，25表示贵州省，26表示云南省，27表示西藏自治区，28表示陕西省，29表示甘肃省，30表示青海省，31表示宁夏自治区，32表示新疆自治区，33表示新疆生产建设兵团，34表示长江航务管理局，35表示珠江航务管理局）；XXXXXX表示序列号。

3．经营类别分为城市公共汽车客运、城市轨道交通运输、出租汽车营运、道路旅客运输、道路危险货物运输、道路普通货运、道路货物运输场站、机动车维修、汽车客运站、港口客运（滚装码头、渡船渡口）、港口普通货运、港口危险货物营运、水路旅客运输、水路普通货物运输、水路危险货物运输、交通运输建筑施工16个类别。

4．达标等级分一级、二级、三级3个级别。

5．国徽图案的制作及使用应遵守国家相关法律和规范。

6．发证主管机关印章使用圆形封口章，名称统一为“＊＊＊企业安全生产标准化达标专用章”，“＊＊＊”为发证主管机关名称，“达标专用章”封口。例：“＊＊省交通运输厅企业安全生产标准化达标专用章”、“＊＊省＊＊市交通运输局企业安全生产标准化达标专用章”。

7．证书电子模板可在交通运输企业安全生产标准化管理信息系统下载。

8．证书正本1份，副本3份。

交通运输企业安全生产标准化考评机构管理实施办法

第一章　总　　则

第一条　为做好交通运输企业安全生产标准化考评工作，规范交通运输企业安全生产标准化考评机构（以下简称：考评机构）考评行为，根据《交通运输企业安全生产标准化考评管理办法》等有关规定，制定本办法。

第二条　各级交通运输主管部门及长江航务管理局、珠江航务管理局（简称：主管机关）对考评机构的监督管理以及考评机构的考评活动，适用本办法。

第三条　考评机构是指经主管机关认定，从事交通运输企业安全生产标准化达标考评的单位。

第四条　交通运输部负责全国交通运输企业安全生产标准化考评机构的监督管理和指导工作，具体负责认定和管理从事一级达标交通运输企业考评工作的考评机构；各地交通运输主管部门、长江航务管理局、珠江航务管理局根据管辖范围负责认定和管理从事二、三级达标交通运输企业考评工作的考评机构。

第二章　考评机构类别与资质

第五条　考评机构资质类型分为道路运输、水路运输、港口营运、城市客运、交通运输工程建设五类。

道路运输资质类型含道路旅客运输、道路危险货物运输、道路普通货运、道路货物运输站场、机动车维修、汽车客运站等经营类别；水路运输资质类型含水路旅客运输、水路普通货物运输、水路危险货物运输等经营类别；港口营运资质类型含港口客运（滚装码头、渡船渡口）、港口普通货运、港口危险货物营运等经营类别；城市客运资质类型含城市公共汽车客运、城市轨道交通运输、出租汽车营运等经营类别；交通运输工程建设资质类型含交通运输建筑施工经营类别。

第六条 考评机构的资质分为一、二、三级。同一级别考评机构最多只能申请两种专业类型。

一级考评机构由交通运输部认定，二级、三级考评机构由各地交通运输主管部门和长江航务管理局、珠江航务管理局认定，并报交通运输部。一级、二级、三级考评机构分别负责相应交通运输企业的达标考评工作。

第七条 考评机构应取得主管机关颁发的交通运输企业安全生产标准化考评机构资质证书（以下简称：资质证书，样式见附件）。资质证书包含考评机构的资质类型和资质等级，有效期 5 年。已认定的考评机构由主管机关向社会公布。

第八条 资质证书有效期满需要换证的，应于期满前 3 个月内向主管机关提出换证申请，经主管机关审查合格的可以换发证书；不合格的，不予换发证书。

第三章 考评机构资质条件

第九条 一级考评机构应当具备下列条件：

（一）从事交通运输业务的事业单位或经批准注册的交通运输社团组织；

（二）具有相适应的固定办公场所、设施和必要的技术条件；

（三）从事专职管理和取得相应类别考评资格且未在其他考评机构从事考评工作的人员不少于 7 名（其中具有高级技术职称的不少于 3 名）；

（四）从事相关业务领域管理、咨询、服务工作；

（五）制定了完善的考评管理制度。

第十条 二级、三级考评机构应当具备下列条件：

（一）从事交通运输业务的事业单位或经批准注册的交通运输社团组织；

（二）具有相适应的固定办公场所、设施和必要的技术条件；

（三）从事专职管理和取得相应类别考评资格且未在其他考评机构从事考评工作的人员，二级不少于5名（其中具有高级技术职称的不少于2名），三级不少于3名（其中具有高级技术职称的不少于1名）；

（四）从事相关业务领域管理、咨询、服务工作；

（五）制定了完善的考评管理制度。

第四章 监督管理

第十一条 主管机关应当根据其管辖范围内交通运输企业数量、经营类别以及具备开展安全生产标准化考评条件的机构等情况，合理认定考评机构。

第十二条 申请考评机构资质的应按照相关规定，通过交通运输企业安全生产标准化管理信息系统向相应的主管机关提交电子申报材料（申请表格式见附件）。

第十三条 考评机构应当建立考评员档案，并将下列材料汇总后报主管机关。

（一）考评员汇总表、登记表；

（二）专职考评员聘用证明；

（三）考评员培训合格证明；

（四）其他相关材料。

第十四条 考评机构应对企业考评工作资料、现场审查记录、音像资料及相关证明材料及时归档，妥善保管，不得泄露被考评企业的技术和商业秘密。档案存档时间不得低于5年，并至少包括下列材料：

（一）被考评企业的基本情况；

（二）被考评企业安全生产相关文件目录；

（三）现场抽查情况；

（四）考评组及考评员对企业的考评意见和相关整改意见；

（五）考评员资格证复印件。

第十五条 考评机构应当依照相关法律、法规、标准的规定，独立开展考评工作，如实反映被考评企业的安全生产状况，严禁弄虚作假，并对考评结论承担责任。与申请考评的企业存在利害关系的，应当回避。

第十六条 考评机构有下列情形之一的，应当申请变更：

（一）机构名称和法定代表人变更的；

（二）停业、破产或有其他原因终止业务的；

（三）从事专职管理和考评工作的人员发生重大变化的。

第十七条 考评机构对企业进行考评前，应告知企业所在地主管机关。

第十八条 考评机构的考评工作不得以盈利为目的，不得利用考评工作谋取其他利益。

第十九条 考评机构应进行年度考评工作总结，并于次年1月底前报主管机关。

第二十条 主管机关及其工作人员应当坚持公开、公平、公正的原则，严格按照法律法规和本办法规定，对考评机构和考评员进行监督管理。

第二十一条 主管机关应当采取专家评议、征求被评审企业意见、抽查考评文件等方式，对其认定的考评机构的考评活动进行监督、检查和指导。

第二十二条 主管机关发现考评机构存在问题的，应向考评机构下达整改通知书，要求考评机构及时整改。整改结束后，考评机构应向主管机关提交整改报告。

第二十三条 任何单位和个人有权向主管机关实名举报考评机构。主管机关应当及时受理、组织调查处理，并为举报人保密。

第二十四条 考评机构有下列情形之一的，原发证主管机关应当撤销其考评资质，并收回资质证书：

（一）违反有关考评规定和违法违规行为，不宜继续从事考评工作的；

（二）考评机构未按照主管机关整改通知书要求整改或整改不合格的；

（三）资质证书有效期满未申请换证或申请换证但未获得认可的；

（四）按照有关法规、规定，应予以撤销的。

第五章 附 则

第二十五条 本办法自颁布之日起实施。

附件

交通运输企业安全生产标准化考评机构

申

请

表

申请日期：　　年　月　日

中华人民共和国交通运输部制

交通运输企业安全生产标准化考评机构申请表

<table>
<tr><td>单位名称</td><td colspan="4"></td></tr>
<tr><td>业务范围</td><td colspan="4"></td></tr>
<tr><td>何时成立</td><td colspan="2"></td><td>批准单位</td><td></td></tr>
<tr><td>法人代表</td><td colspan="2"></td><td>单位类别</td><td></td></tr>
<tr><td>申请类别</td><td colspan="2"></td><td>申请级别</td><td></td></tr>
<tr><td colspan="2">拟从事考评人数</td><td></td><td>其中高级职称人数</td><td></td></tr>
<tr><td colspan="2">从事相关业务经历</td><td>年</td><td>申请从事业务地域</td><td></td></tr>
<tr><td colspan="2">主 管 机 关</td><td colspan="3"></td></tr>
<tr><td>主要业绩</td><td colspan="4"></td></tr>
<tr><td rowspan="5">相关附件</td><td colspan="4">1. 单位基本情况 □</td></tr>
<tr><td colspan="4">2. 考评管理制度______个 □</td></tr>
<tr><td colspan="4">3. 拟从事专职考评人员情况（含劳务意向协议） □</td></tr>
<tr><td colspan="4"></td></tr>
<tr><td colspan="4"></td></tr>
<tr><td>主管机关
意　　见</td><td colspan="4">（电子签名）　　年　月　日</td></tr>
<tr><td>备　　注</td><td colspan="4"></td></tr>
</table>

说明：拟从事考评人数，应填写已获取考评员培训、考试资格，并与本单位签订专职劳务意向协议的人员数量。拟从事专职考评人员情况，应含其个人关键信息。

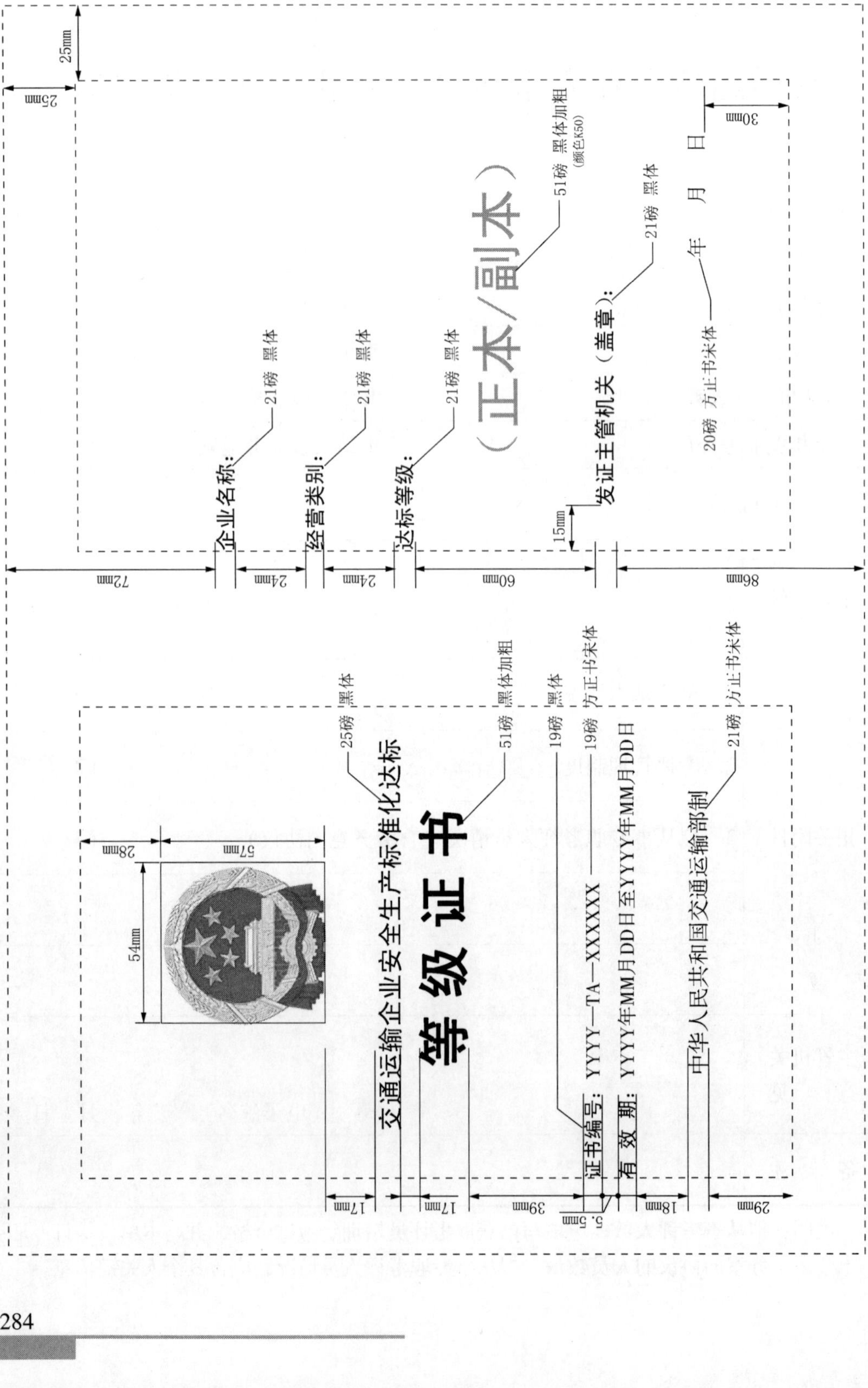

54mm
28mm
57mm
17mm
交通运输企业安全生产标准化达标 —— 25磅 黑体
17mm
等 级 证 书 —— 51磅 黑体加粗
39mm
19磅 黑体
5.5mm
证书编号：YYYY—TA—XXXXXX —— 19磅 方正书宋体
有 效 期：YYYY年MM月DD日至YYYY年MM月DD日
18mm
中华人民共和国交通运输部制 —— 21磅 方正书宋体
29mm

25mm
25mm
72mm
企业名称： —— 21磅 黑体
24mm
经营类别： —— 21磅 黑体
24mm
达标等级： —— 21磅 黑体
60mm
（正本/副本） —— 51磅 黑体加粗（颜色K50）
15mm
发证主管机关（盖章）： —— 21磅 黑体
20磅 方正书宋体 —— 年 月 日
30mm
86mm

证书说明

1．资质证书纸张大小为420mm×297mm（A3），带底纹。

2．资质证书编号格式为YYYY—TA—XXXXX。YYYY表示年份；TA表示发证主管机关（01表示交通运输部，02表示北京市，03表示天津市，04表示河北省，05表示山西省，06表示内蒙古自治区，07表示辽宁省，08表示吉林省，09表示黑龙江省，10表示上海市，11表示江苏省，12表示浙江省，13表示安徽省，14表示福建省，15表示江西省，16表示山东省，17表示河南省，18表示湖北省，19表示湖南省，20表示广东省，21表示海南省，22表示广西自治区，23表示重庆市，24表示四川省，25表示贵州省，26表示云南省，27表示西藏自治区，28表示陕西省，29表示甘肃省，30表示青海省，31表示宁夏自治区，32表示新疆自治区，33表示新疆生产建设兵团，34表示长江航务管理局，35表示珠江航务管理局）；XXXXX表示序列号。

3．资质类别分为道路运输、水路运输、港口码头、城市客运、交通运输工程建设5个类型。

4．资质等级分一级、二级、三级3个级别。

5．国徽图案的制作及使用应遵守国家相关法律和规范。

6．发证主管机关印章使用圆形封口章，名称统一为“＊＊＊企业安全生产标准化达标专用章”，“＊＊＊”为发证主管机关名称，“达标专用章”封口。例：“＊＊省交通运输厅企业安全生产标准化达标专用章”、“＊＊省＊＊市交通运输局企业安全生产标准化达标专用章”。

7．证书电子模板可在交通运输企业安全生产标准化管理信息系统下载。

8．证书正本1份，副本3份。

交通运输企业安全生产标准化考评员管理实施办法

第一章 总 则

第一条 为加强交通运输企业安全生产标准化考评员的管理，规范其考评行为，根据《交通运输企业安全生产标准化考评管理办法》等有关规定，制定本办法。

第二条 本办法所称考评员是指经专业培训并考试合格、取得资格证书的人员。

第三条 考评员的分类、资格认定、考评活动以及对考评员的监督管理适用本办法。

第四条 交通运输部负责指导全国考评员的管理。省级交通运输主管部门、长江航务管理局、珠江航务管理局负责其管辖范围内的考评员管理工作。

第五条 考评员专业类型分为道路运输、水路运输、港口营运、城市客运、交通运输工程建设五种。

第六条 考评员资格管理工作应当公平、公正、公开。

第二章 资格条件

第七条 凡中华人民共和国公民，遵守法律、法规和规章，恪守职业道德，符合下列条件的，均可报考考评员。

（一）具有大学专科以上学历，相关专业技术职称，且从事交通运输相关工作5年以上；

（二）熟悉交通运输安全生产法律法规及相关规定；

（三）有较强的组织协调能力和文字语言表达能力；

（四）年龄原则上不得超过60周岁，身体健康。

第八条 报考考评员的人员应通过交通运输企业安全生产标准化管理信息系统向户籍所在地或常住地主管机关提交申请，并附下列材料：

（一）申请表（见附件）；

（二）相关证明文件（包括身份证明、学历证明、培训合格证明等的电子文档）。

第九条 考评员资格最多只能申请两种专业类型。

第三章 培训考试与登记

第十条 交通运输部负责组织制定考试大纲和编写培训教材。省级交通运输主管部门、长江航务管理局和珠江航务管理局按管辖范围负责组织实施培训、考试工作。

第十一条 培训和考试应包含以下内容：

（一）安全生产相关法律法规；

（二）交通运输企业安全生产标准化相关规定；

（三）相关专业技术知识和考评技能；

（四）其他相关知识。

取证培训时间不少于24个学时。

第十二条 经培训考试合格的人员，由省级交通运输主管部门、长江航务管理局、珠江航务管理局核发交通运输企业安全生产标准化考评员资格证。

直接从事交通运输安全生产行政管理工作10年以上，熟练掌握交通运输安全生产相关法规和企业安全生产标准化规定，身体健康，经本人申请、所在单位推荐、发证主管机关核准，可直接颁发考评员资格证。

第十三条 从事交通运输企业安全生产标准化考评工作的考评员应受聘于考评机构开展考评活动。

第十四条 省级交通运输主管部门和长江航务管理局、珠江航务管理局应将管辖范围内的考评员登记信息报交通运输部。

第四章 资格证管理

第十五条 交通运输部统一规定考评员资格证样式（见附件），省级交通运输主管部门、长江航务管理局和珠江航务管理局负责资格证的印制和发放等工作。

第十六条 考评员个人信息变动应及时向发证主管机关报告。

第十七条 交通运输部建立全国统一的资格证书管理信息系统。该系统包括考评员基本信息、证书信息和其他电子文档内容。

第十八条 考评员资格证有效期为 5 年。有效期满继续从事考评工作的，应在有效期满前 3 个月内向发证主管机关提出换证申请。

第十九条 考评员申请换证应提交以下材料：

（一）申请表（见附件）；

（二）继续教育证明；

（三）所在考评机构出具的工作业绩证明。

第二十条 考评员应妥善保管考评员资格证，不得损毁、涂改或转借他人。考评员资格证遗失者，应及时向主管机关申请补发。

第五章 考评员管理

第二十一条 考评员应当遵守下列规定：

（一）严格执行国家有关法律法规，客观公正，实事求是，保证考评工作质量和真实性；

（二）遵守考评纪律，恪守职业道德，保守考评企业技术和商业秘密；

（三）对考评工作负责；

（四）对考评结论持有异议的，可向考评机构报告，如对考评机构的认定仍有异议的，可向相应的主管机关报告；

（五）与申请考评的企业存在利害关系的，应当主动回避；

（六）自觉接受主管机关、考评机构的监督管理；

（七）年度继续教育时间不少于 8 学时。

第二十二条 考评员在考评企业时，应当出示考评员资格证。

第二十三条 考评员从事考评工作，应认真做好考评记录，保证考评工作规范、有序开展。

第二十四条 主管机关应对考评员的考评活动进行监督检查，其方式可采取现场检查、企业反馈意见搜集、询问等。

第二十五条 考评员有下列行为之一的，主管机关应当撤销考评员资格：

（一）隐瞒企业重大安全问题的；

（二）考评工作中弄虚作假的；

（三）泄露企业技术和商业秘密的；

（四）收受企业财物或者为企业谋取不正当利益的；

（五）不服从主管机关监督管理的；

（六）资格证逾期不申请换证的；

（七）其他不能胜任考评工作的。

因上述（一）、（二）、（三）、（四）原因被撤销资格证的，终身不得从事考评工作；因上述其他原因被撤销资格证的，2 年内不得申请考评员资格。

第二十六条 考评员常住地发生省际间变更的，应申请换发资格证。

第六章　附　　则

第二十七条 本办法自发布之日起实施。

附件

交通运输企业安全生产标准化考评员

申

请

表

申请类别：□道路运输　□水路运输　□港口码头

□城市客运　□交通运输工程建设

主管机关：＿＿＿＿＿＿＿＿＿＿＿＿＿＿＿＿＿＿

申请日期：＿＿＿＿＿＿＿＿＿＿＿＿＿＿＿＿＿＿

中华人民共和国交通运输部制

交通运输企业安全生产标准化考评员申请表

<table>
<tr><td>姓　　名</td><td></td><td>性别</td><td></td><td>出生年月</td><td></td><td rowspan="5">照　片（电子版）</td></tr>
<tr><td>身份证号</td><td colspan="5"></td></tr>
<tr><td>工作单位</td><td colspan="3"></td><td>职务/职称</td><td></td></tr>
<tr><td>常住地址</td><td colspan="3"></td><td>邮　　编</td><td></td></tr>
<tr><td>联系电话</td><td colspan="3"></td><td>传真号码</td><td></td></tr>
<tr><td>手机号码</td><td colspan="3"></td><td>电子邮箱</td><td colspan="2"></td></tr>
<tr><td>文化程度</td><td></td><td colspan="2">所学专业</td><td></td><td>现从事专业</td><td></td></tr>
<tr><td>申请类别</td><td colspan="6"></td></tr>
<tr><td>主要学习
（培训）
经历</td><td colspan="6"></td></tr>
<tr><td>主要工作
简　　历</td><td colspan="6"></td></tr>
<tr><td>主管机关
意　　见</td><td colspan="6">（电子签名）　　年　月　日</td></tr>
<tr><td>备　　注</td><td colspan="6"></td></tr>
</table>

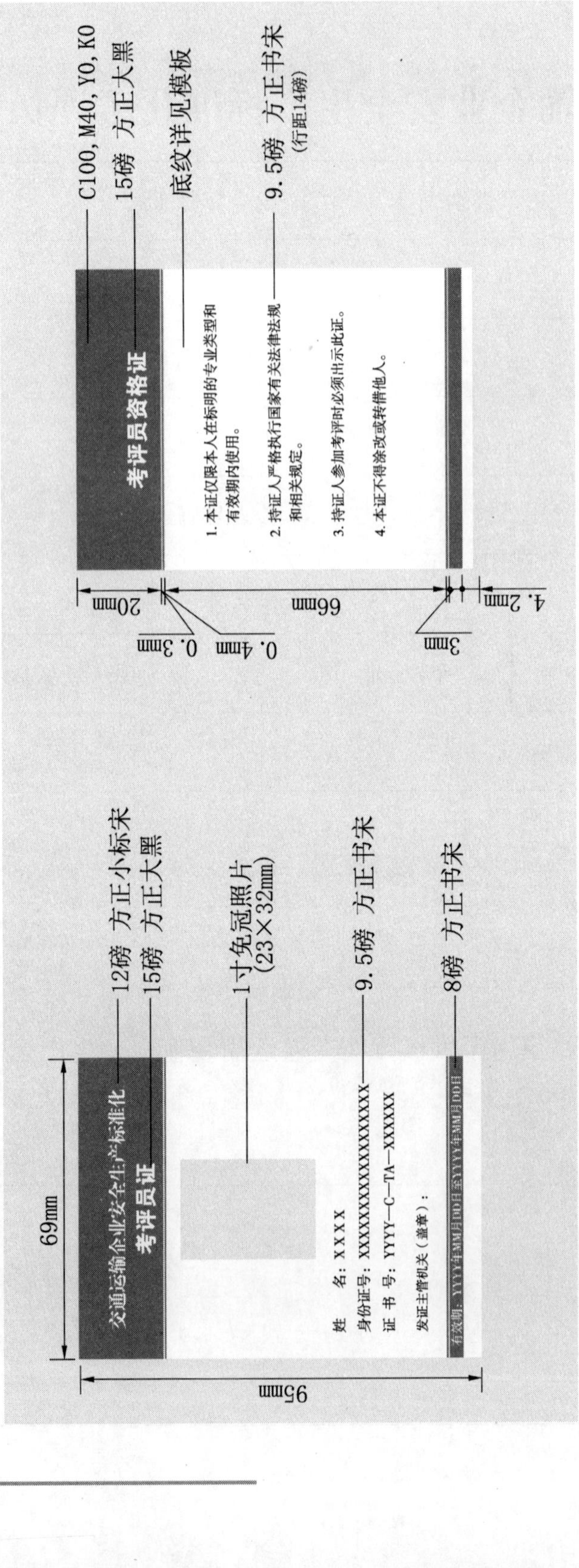

69mm
95mm

交通运输企业安全生产标准化
考评员证

姓　　名：XXXX
身份证号：XXXXXXXXXXXXXXXXXX
证 书 号：YYYY—C—TA—XXXXXX
发证主管机关（盖章）：
有效期：YYYY年MM月DD日至YYYY年MM月DD日

12磅　方正小标宋
15磅　方正大黑
1寸免冠照片（23×32mm）
9.5磅　方正书宋
8磅　方正书宋

考评员资格证

1. 本证仅限本人在标明的专业类型和有效期内使用。
2. 持证人严格执行国家有关法律法规和相关规定。
3. 持证人参加考评时必须出示此证。
4. 本证不得涂改或转借他人。

C100, M40, Y0, K0
15磅　方正大黑
底纹详见模板
9.5磅　方正书宋（行距14磅）
20mm
0.3mm
0.4mm
66mm
3mm
4.2mm

证书说明

1. 考评员证尺寸为69mm×95mm，带底纹。

2. 考评员证编号格式为YYYY—C—TA—XXXXXX。YYYY表示年份；C表示资质类型（1表示道路运输，2表示水路运输，3表示港口营运，4表示城市客运，5表示交通运输工程建设）；TA表示发证主管机关（01表示交通运输部，02表示北京市，03表示天津市，04表示河北省，05表示山西省，06表示内蒙古自治区，07表示辽宁省，08表示吉林省，09表示黑龙江省，10表示上海市，11表示江苏省，12表示浙江省，13表示安徽省，14表示福建省，15表示江西省，16表示山东省，17表示河南省，18表示湖北省，19表示湖南省，20表示广东省，21表示海南省，22表示广西自治区，23表示重庆市，24表示四川省，25表示贵州省，26表示云南省，27表示西藏自治区，28表示陕西省，29表示甘肃省，30表示青海省，31表示宁夏自治区，32表示新疆自治区，33表示新疆生产建设兵团，34表示长江航务管理局，35表示珠江航务管理局）；XXXXXX表示序列号。

3. 发证主管机关印章使用圆形封口章，名称统一为“＊＊＊企业安全生产标准化达标专用章”，“＊＊＊”为发证主管机关名称，“达标专用章”封口。例：“＊＊省交通运输厅企业安全生产标准化达标专用章”。

4. 考评员资格证电子模板可在交通运输企业安全生产标准化管理信息系统下载。